Anhui Sheng Gonglu Shuiyun Zhongdian Gongcheng Xiangmu

安徽省公路水运重点工程项目
Anquan Shengchan Guanli Zhinan
安全生产管理指南

（第三版）

卞国炎　倪良松　等　编著

人民交通出版社股份有限公司
China Communications Press Co.,Ltd.

内 容 提 要

本书系统分析和梳理了安徽省公路水运工程施工安全生产事故规律和安全管理上存在的主要问题，对全省公路水运工程项目安全生产监管方法、经验进行了全面归纳、提炼和总结，是开展"平安工地"创建和"品质工程"的有力帮手。本书面向基层、立足项目管理、着眼施工现场、注重监管实效，内容涵盖了安全生产组织设置与职责、安全教育、工地安全环境标准化建设、三阶段安全风险分析与预防、安全风险评估、安全生产检查、施工现场安全生产管理要点、安全生产应急管理、安全生产费用管理、内业资料管理、"平安工地"建设与达标考核等11个方面。

本书可供安徽省公路水运工程建设从业单位安全生产管理人员使用，亦可为其他相关专业安全生产管理人员提供参考。

图书在版编目（CIP）数据

安徽省公路水运重点工程项目安全生产管理指南／卞国炎等编著 . — 3 版 . — 北京：人民交通出版社股份有限公司，2016.11

 ISBN 978-7-114-13451-7

Ⅰ．①安… Ⅱ．①卞… Ⅲ．①道路工程—工程施工—安全管理—安徽—指南②航道工程—工程施工—安全管理—安徽—指南 Ⅳ．①U415.12-62②U615.1-62

中国版本图书馆 CIP 数据核字（2016）第 271493 号

书　　名：	安徽省公路水运重点工程项目安全生产管理指南（第三版）
著 作 者：	卞国炎　倪良松　等
责任编辑：	孙　玺　尤　伟
出版发行：	人民交通出版社股份有限公司
地　　址：	（100011）北京市朝阳区安定门外外馆斜街3号
网　　址：	http://www.ccpcl.com.cn
销售电话：	（010）85285857
总 经 销：	人民交通出版社股份有限公司发行部
经　　销：	各地新华书店
印　　刷：	北京市密东印刷有限公司
开　　本：	787×1092　1/16
印　　张：	14.5
字　　数：	340千
版　　次：	2011年3月　第1版　2013年6月　第2版　2016年11月　第3版
印　　次：	2025年3月　第3次印刷　总第6次印刷
书　　号：	ISBN 978-7-114-13451-7
定　　价：	60.00元

（有印刷、装订质量问题的图书由本公司负责调换）

《安徽省公路水运重点工程项目安全生产管理指南》
（第三版）
编委会

主　　任：何　光

顾　　问：殷治宁

副 主 任：卞国炎　尹　平

委　　员：高学华　周基群　马贤贵　倪良松　吉小军
　　　　　熊　伟　韩　宁

主　　编：卞国炎　倪良松

副 主 编：熊　伟　金　松　李忠清

编写人员：卞国炎　倪良松　熊　伟　金　松　李忠清
　　　　　杜维斌　武黎明　明家跃　严摇铃　冷大伟

统　　稿：冷大伟　严摇铃

审　　稿：高学华　周基群　马贤贵　吉小军　韩　宁

第 三 版 序

"十二五"以来,在省委、省政府和交通运输部的正确领导下,全省交通运输系统抢抓机遇、锐意改革、攻坚克难、砥砺奋进,交通进入大建设、大发展的加速完善时期。伴随着大规模的交通建设,我们始终坚持"发展决不能以牺牲人的生命为代价"的红线意识和底线思维,积极创新监管机制,充分发挥了政府监管作用,全省交通建设工程质量稳步提升,行业安全生产总体形势平稳趋好。

"十三五"时期,是我省交通运输从基本适应到适度超前的过渡阶段,是完善综合交通运输基础设施网络、强化基本公共服务的攻坚时期,也是行业提质增效升级、提升综合运输服务水平的重要时期,更是全面深化改革、全面建设法治交通的关键时期。我们在牢固树立创新、协调、绿色、开放、共享五大发展理念的同时,更加注重安全发展,紧紧围绕高等级公路网"联通"、水运交通网"贯通"、县乡村公路网"畅通"、运输服务网"互通"、智慧交通网"融通"的目标,加快构建"畅通安全、布局合理、衔接高效、绿色智能、文明和谐"的现代综合交通运输体系。

"明者因时而变,智者随事而制"。安徽省交通建设工程质量监督局坚持教育为要、预防为先,再次修订《安徽省公路水运重点工程项目安全生产管理指南》(以下简称《指南》第三版),进一步丰富被誉为"安徽经验"的"三阶段安全风险分析和预防""单元预警法""一校一会一志"等富有实效的安全管理方法,更加注重安全生产基层、基础、基本功建设与现行法律法规的高度符合,"平安工程"与"品质工程"建设的有机结合,工程项目管理标准化、精细化、信息化的相互融合,对工程项目管理、现场安全管控,更具有针对性、实用性和指导性。

理论的生命在于指导实践。《指南》(第三版)是我省交通建设工程质量监督人员智慧的结晶,是指导我省交通建设安全生产的行动规范,学好用好《指南》(第三版),对公路水运重点工程项目安全生产标准化、规范化建设意义重大,对有效防范、坚决遏制重特大事故,促进我省交通建设安全生产形势持续向好至关重要。我省广大的交通工程建设者要以"安全第一,预防为主,综合治理"为指导,以《指南》(第三版)规定要求为基础,在实践中不断创新,抓实制度建设、人员教育、风险评估、现场防控、隐患整改等关键要素,为实现我省"十三五"交通运输发展目标,提供良好的安全生产环境。

安徽省交通运输厅党组书记、厅长　施 平
2016 年 10 月 11 日

第 一 版 序

每当打开电视、点击网站、摊开报纸,空难、海难、火灾、建筑事故等各种各样、大小不一的安全事故,充斥着我们的双耳,刺激着我们的眼睛,震撼着我们的心灵。安全不是一切,但没有安全就没有一切。对个人来说,安全是生命;对家庭来说,安全是幸福;对企业来说,安全是财富;对国家来说,安全是稳定。生命安全至高无上。试问生命不保,何谈稳定?!何谈发展?!

党和国家历来高度重视安全生产。十七大报告强调要"坚持安全发展,强化安全生产管理和监督,有效遏制重特大事故"。党和国家领导人多次深刻地阐述了安全生产的重要性,把能否加强安全生产、实现安全发展,提高到考验我们党执政能力的一个重要的新高度;反复强调抓安全生产也是政绩,把安全生产作为人民群众最关心、最直接、最现实的利益问题。关爱生命,确保安全是民心所向,职责所在。

交通建设行业属于高危行业之一。因建设环境复杂,施工条件差、不安全因素动态变化快、安全事故诱因复杂和主体从业人员(农民工)流动性大等原因,多年来交通建设工程安全事故呈现"易发、频发、多发"等特点。保障人员的安全,是交通部门和广大企业义不容辞的责任。日常多一次安全教育,工人就多一分安全;平时多一次安全演练,危难时就多一份生还的希望。因此,竭尽全力做好安全生产工作,把参建人员,特别是一线工人的伤亡风险降至最低点,是交通建设的头等大事,是推动交通运输事业又好又快发展的重要内容和有力保障,是打造让人民群众满意、负责任行业的基本前提,是落实科学发展观的必然要求,也是构建社会主义和谐社会的重要内涵。

近几年来,我们始终坚持"以人为本、安全发展、关注生命"的理念和"安全第一、预防为主、综合治理"的方针,坚持"标本兼治、重在治本"的原则,在总结中寻找方法,在总结中把握规律,在总结中探索创新,建立和完善了"施工单位负责、监理单位督促、建设单位主导、政府部门监管"的工程安全监管体系,先后推出了"一校、一志、一会"、"单元预警法"和"三阶段风险分析与预防"等方法。实践证明,这些方法因注重关口前移、重心下移,大大提高了我省交通建设安全生产监管工作的执行力,保持了安全生产形势的平稳态势。

省交通质监局组织编写的《安徽省公路水运重点工程建设项目安全生产管理指南》(以下简称《指南》),是在深入分析我省交通建设安全工作现状和安全生产事故发生特点的基础上，由一些长期从事现场安全工作的一线管理人员编写的。该《指南》依照国家、行业有关强制性标准、规范，针对工程现场安全生产管理的主要方面，提出了明确的指导意见。同时，还对每个分项分部工程主要危险源进行了梳理和汇总，对安全生产管理者准确把握安全生产施工现场防控重点，具有很大的借鉴价值和指导意义。更难能可贵的是，本书把我省近年来安全生产管理中零散的好经验、好做法贯穿起来，加以理论研究，形成前后呼应、环环相扣的安全生产管理体系，回答了安全生产管理者管什么、怎么管的问题；在预防和应对事故时该做什么、怎么做的问题，以及如何改善施工作业环境、消除安全隐患、增强事故防控能力的问题。《指南》具有明显的科学性、实用性、创新性，是我省交通建设安全生产管理向标准化、规范化方向迈进的一次有益的尝试和探索。

发展是主题，安全是保证，让我们每个人都珍惜生命、重视安全吧！多一些责任，少一些推诿；多一些"前瞻"，少一些"反思"；多一些"补牢"，少一些"亡羊"。

安徽省交通运输厅厅长：梅劲

2010 年 12 月 15 日

第三版前言

《安徽省公路水运重点工程项目安全生产管理指南》(以下简称《安全指南》第三版)是对前两版的传承和发展。

2011年3月,《安全指南》第一版问世,全书立足于安徽省交通建设实际,系统总结和提炼,集成了"三阶段安全风险分析与预防""单元预警法""一校一志一会"等具有安徽省特色的安全生产管理方法,具有很强的实用性、可靠性和指导性,为全行业安全生产管理提供了有效借鉴。

2013年6月经修编形成《安全指南》第二版,进一步完善管理内容,强化安全管理针对性,为全省"十二五"交通建设安全生产平稳可控起到了显著的指导作用,受到各级交通运输主管部门以及建设、施工、监理等单位和专家一致好评。

在第三版修编过程中,牢固树立"以人为本、安全发展"的科学理念,在充分调研、广泛征求意见和数易其稿的基础上,结合《安徽省十三五交通发展规划》,对第二版中概论、安全生产组织设置与职责、安全生产教育、工地安全环境标准化建设、三阶段安全风险分析与预防、公路水运施工现场安全生产管理要点、安全生产费用管理、安全生产内业资料管理与信息报告、"平安工地"考核评价等部分内容做了修改完善,增加了风险评估、安全生产检查、安全生产应急管理章节内容,对附录中有关制度和表格进行了增减调整。同时,对第二版中存在的错漏,也尽可能做出了修改。

值此机会,谨向第一版原创团队、第二版修编团队,以及新老读者和出版、发行人员表示衷心感谢!殷切希望广大读者对本书提出宝贵的意见和建议。

编 者
2016年9月

第二版前言

本书自 2011 年 3 月出版以来,得到了各级交通运输主管部门以及建设、施工、监理等单位领导和专家的重视,历经两次印刷,在工程现场全面推广使用,有力地促进了我省公路水运工程建设项目的安全生产管理标准化、规范化建设。

本次修订是在充分调研的基础上,听取了不少一线管理者的宝贵意见,并根据国家、交通运输部最近发布的有关规定,修改完善了工程项目安全生产管理组织机构及职责、交通管制三阶段风险分析与预防、特种设备管理部分内容,新增了房建装修工程的危险源辨识、现场应急启动、救援与恢复等内容;同时,根据第一版在使用中反馈的意见对其他相关章节也进行了调整。

在本书第二版付梓之际,衷心感谢第一版原创团队:何光主编,马贤贵副主编,编写人员:何光、马贤贵、张有超、汪凤华、曹为民、钱三水、范圣先、沈筠、孙永彪、李小红、薛峰、任英博、张立奎、黄荣辉、马乙一、丁敏、慈红武、张康、万云刚、明家跃,统稿:师燕治、汪慧,资料整理:史晶等。

编 者
2013 年 5 月

第一版前言

安全生产事关人民群众生命财产安全,是社会文明和进步的重要标志,是坚持"以人为本"安全理念的必然要求,是全面建设小康社会宏伟目标的重要内容。

随着我省交通基础设施建设投资规模的不断加大,交通建设点多面广、劳动密集、流动作业,事故易发。同时从业人员素质较低,安全意识淡薄,安全生产形势十分严峻。为认真贯彻"安全第一、预防为主、综合治理"的方针,进一步规范安全生产管理工作,提高安全生产管理的有效性,结合现代安全管理的新思路、新理念,我们组织编写了《安徽省公路水运重点工程建设项目安全生产管理指南》(以下简称《指南》),以突出现场监管,关口前移,方便企业日常安全检查和执法人员现场监督检查,扎实推进"平安工地"建设。

为增强《指南》的科学性、实用性和可操作性,我们对近年来的安全生产相关法律、行政法规、国家标准、部门规章、规范性文件等进行了认真学习和领会,对我省交通建设施工安全生产事故规律和安全管理上存在的问题进行了系统分析和梳理,对我省交通建设安全生产监管做法、经验进行了全面归纳、提炼和总结。我们从全省交通建设重点工程项目中挑选了长期从事安全生产管理工作,并热心于调查研究、积累了大量基层工作经验的业务骨干从事编写工作。在编写过程中,编委会以召开座谈会、专家审查会、现场模拟等形式,广泛吸取监督、建设、施工、监理等单位相关专家的意见和建议,数易其稿,历时近一年时间将本书编写完成。

《指南》面向基层、立足项目管理、着眼施工现场,涵盖了安全生产组织设置与职责、安全教育、工地安全环境标准化建设、三阶段安全风险分析与预防、施工现场安全生产管理要点、安全生产费用管理、内业资料管理与信息报告、"平安工地"建设达标考核标准等方面。在内容上既独立成章,又相互补充完善,不仅明确了管理重点,还规范了各类管理用表。力求实现相关安全法律、法规在交通工程建设领域的具体化,安全生产管理制度建设的系统化,以及监管工作的标准化。

《指南》编写和审定过程中,省高速公路控股集团公司、省交通投资集团公司、省港航建设投资集团公司、省高等级公路工程监理公司等建设、监理和施工单位的专家对本书进行了认真的审查,并提出了许多宝贵意见,特别是得到了交通运输部基本建设质量监督总站安全处领导的大力指导,在此表示衷心感谢。

安全生产管理工作涉及面广、影响因素多。《指南》仅为大家在实践中提供一个原则和方法,具体情况还要具体分析处理。同时,由于我们的编写水平有限,《指南》中的观点和内容,难免有错误和疏漏,敬请大家在实践中加以修改完善,并提出批评意见。

编 者

2010 年 12 月 15 日

目 录

1 概论 ·· 1
　1.1 安全生产管理是一门科学 ·· 1
　1.2 安全生产管理基本原理 ·· 2
　1.3 我国安全生产管理现状 ·· 3
　1.4 公路水运工程安全管理特点 ··· 6
　1.5 本书的主要内容 ·· 8
2 安全生产组织设置与职责 ··· 9
　2.1 二级安全生产管理组织形式 ··· 9
　2.2 建设项目安委会组成与主要职责 ·· 9
　2.3 建设单位领导小组组成与主要职责 ·· 10
　2.4 监理单位领导小组组成与主要职责 ·· 11
　2.5 施工单位领导小组组成与主要职责 ·· 13
　2.6 二级安全生产管理组织框图 ··· 15
　2.7 安全生产责任登记 ··· 17
3 安全生产教育 ·· 18
　3.1 建设单位安全教育 ··· 18
　3.2 监理单位安全教育 ··· 18
　3.3 施工单位安全教育 ··· 19
　3.4 教育对象及内容 ·· 21
　3.5 教育形式 ·· 22
　3.6 基本要求 ·· 23
4 工地安全环境标准化建设 ·· 24
　4.1 一般规定 ·· 24
　4.2 选址要求 ·· 25
　4.3 场地布置 ·· 26
　4.4 场地管理 ·· 26
　4.5 施工便道和便桥 ·· 30
　4.6 临时码头和栈桥 ·· 31
　4.7 临时用电 ·· 32
　4.8 消防管理 ·· 32
　4.9 库房管理 ·· 33

4.10	标志标识牌	34
5	**三阶段安全风险分析与预防**	37
5.1	预案阶段	37
5.2	预控阶段	40
5.3	预警阶段	41
5.4	单元预警法	41
5.5	"三阶段安全风险分析与预防"实施要求	43
6	**安全风险评估**	44
6.1	一般规定	44
6.2	评估步骤	44
6.3	评估方法	45
6.4	评估报告	46
6.5	桥梁和隧道工程施工安全风险评估	46
6.6	路堑高边坡工程施工安全风险评估	47
6.7	桥梁工程施工组织设计安全风险评估	48
7	**安全生产检查**	49
7.1	一般规定	49
7.2	检查内容	49
7.3	检查类型	49
7.4	检查程序	50
7.5	检查重点	51
7.6	检查结果处理	52
7.7	安全评价和改进	53
8	**公路水运施工现场安全生产管理要点**	54
8.1	通用作业	54
8.2	路基工程	63
8.3	路面工程	65
8.4	桥涵工程	66
8.5	隧道工程	76
8.6	改建工程	80
8.7	交通工程	80
8.8	水运工程	81
8.9	房建装修工程	86
8.10	特种设备管理	86
9	**安全生产应急管理**	89
9.1	应急管理原则	89
9.2	应急管理的基本任务	89

目　录

  9.3　应急队伍建设 90
  9.4　应急启动、救援与恢复 90
  9.5　生产安全事故等级 91
  9.6　生产安全事故报告程序 91
  9.7　生产安全事故报告内容 92
  9.8　其他 92

10　安全生产费用管理 93
  10.1　定义与管理的原则 93
  10.2　计取 93
  10.3　使用范围 93
  10.4　计划、使用与计量 94
  10.5　监督管理 95
  10.6　使用清单 95

11　安全生产内业资料管理 98
  11.1　内业资料归档原则 98
  11.2　建设单位内业资料归档内容 98
  11.3　监理单位内业资料归档内容 100
  11.4　施工单位内业资料归档内容 101
  11.5　安全生产用表一览表 104

12　"平安工地"考核评价 106
  12.1　考核要求 106
  12.2　考核评价标准 108

附录1　"十类"危险性较大工程 133
附录2　公路水运工程施工安全生产基本制度清单 134
附录3　施工现场作业"十项"禁令 136
附录4　安全生产用表表格样式 140
附录5　公路水运工程重大事故隐患清单 192
附录6　标志标识牌设置与制作 196

参考文献 214

1 概论

安全生产事关人民的生命财产、社会的和谐与稳定,以及企业的持续发展。安全与危险是相对的,是人们对生产、生活中是否遭受健康和人身损害的综合认识。"无危则安、无缺则全"是对安全生产的基本阐释。本章简要了介绍安全生产管理的发展历程、现代安全生产管理基本原理、我国安全生产管理现状以及公路水运建设工程安全生产管理特点。

1.1 安全生产管理是一门科学

(1)安全生产管理是管理的重要组成部分,是安全科学的一个分支。所谓安全生产管理,就是针对人们在生产过程中的安全问题,运用有效的资源,通过人们的努力,进行有关决策、计划、组织和控制等活动,实现生产过程中人与机器设备、物料、环境的和谐,达到安全生产的目标。

①安全科学的研究目标是将技术应用过程中所发生损害的可能性或者损害的后果控制在绝对最低限度内,或者至少使其保持在可容许的限度内。

②随着人类社会和生产技术的进步,安全生产理论体系的发展从低级走向高级、从落后走向科学,经历了三个具有代表性的阶段:工业社会至20世纪50年代,主要发展了事故学理论;20世纪50~80年代,发展了危险分析与风险控制理论;20世纪90年代至今,现代的安全科学原理初见端倪,目前正在不断的发展和完善之中。现代安全科学理论强调本质安全化,本质安全化包括人的本质安全化、物的本质安全化和环境的本质安全化。人的本质安全化是指不但要提高人的知识、技能、意识等方面的素质,还要从人的观念、伦理、情感、态度、认知、品德等人文素质入手,从而提出安全文化建设的思路;物的本质安全化和环境的本质安全化是指要采用先进的安全科学技术,推广自组织、自适应、自动控制与闭锁的安全技术。

(2)目前我国安全生产管理的对策主要体现在法律法规、工程技术、行政管理三个方面。法律法规对策,是从法制的层面上规范了单位在安全生产中的职责和任务,明确了个人在安全生产中的权利和义务。2014年重新修订施行的《中华人民共和国安全生产法》(以下简称《安全生产法》),是全面规范我国安全生产工作的一部综合性大法。国务院颁布的有关安全生产的行政法规,国务院有关部门颁布的规章,各省、自治区、直辖市颁布的地方性法规以及安全生产标准,构成了我国安全生产法律法规体系。工程技术对策,是安全生产治本的一项重要举措,用可靠的技术方案、先进的科学技术和设备提高物的本质安全性。行政管理对策,是发挥单位建章立制的作用,通过制度约束、教育培训、检查指导等形式,提高人的安全意识以及做好安全生产的自觉性。

1.2 安全生产管理基本原理

1.2.1 系统原理

(1) 系统原理是现代管理学的一个最基本原理。它是指人们在从事管理工作时,运用系统理论、观点和方法,对管理活动进行充分的系统分析,以达到管理的优化目标,即用系统论的观点、理论和方法来认识和处理管理中出现的问题。

所谓系统是由相互作用和相互依赖的若干部分组成的有机整体。任何管理对象都可以作为一个系统。系统可以分为若干个子系统,子系统可以分为若干个要素,即系统是由要素组成的。

(2) 安全生产管理是生产管理的一个子系统。如果把安全生产管理作为一个系统,它又由若干个子系统组成,包括各级安全管理人员、安全防护设备与设施、安全管理规章制度、安全生产操作规范和规程以及安全生产管理信息等。安全贯穿于生产活动的方方面面,安全生产管理是全方位、全天候,且涉及全体人员的管理。

高效的现代安全生产管理,必须在整体规划下明确分工,在分工基础上有效综合。企业管理者在制订整体目标和进行宏观决策时,必须将安全生产纳入其中,在考虑资金、人员和体系时,都必须将安全生产作为一项重要内容考虑。

1.2.2 人本原理

在管理中必须把人的因素放在首位,体现以人为本的指导思想,这就是人本原理。以人为本有两层含义:一是人的生命是最宝贵的,生产活动的目的是为了满足人对幸福生活的需求。二是一切管理活动都是以人为本展开的,人既是管理的主体,又是管理的客体,每个人都处在一定的管理层面上,离开人就无所谓管理。管理中应用科学的方法,体现尊重人、激励人、约束人的原则,使其充分发挥积极性、主动性和创造性。

1.2.3 预防原理

安全生产管理工作应该做到预防为主,通过有效的管理和技术手段,在可能发生人身伤害、设备或设施损坏和环境破坏的场合,事先采取措施,防止事故发生,减少和防止人的不安全行为和物的不安全状态,这就是预防原理。

事故的发生是许多因素互为因果连续发生的最终结果,只要诱发事故的因素存在,发生事故是必然的,只是时间或迟或早而已,这就是因果关系。因此,无论事故何时发生,无论事故损失大小,进行隐患排查与整改,做好预防工作都是必要的。

1.2.4 强制原理

(1) 采取强制管理的手段控制人的意愿和行为,使个人的活动、行为等受到安全生产管理要求的约束,从而实现有效的安全生产管理,这就是强制原理。所谓强制就是绝对服从,不必经被管理者同意便可采取控制行动。

(2)安全第一就是要求在进行生产和其他工作时把安全工作放在一切工作的首要位置。当生产和其他工作与安全发生矛盾时,要以安全为主,生产和其他工作要服从于安全,这就是强制要求安全第一。

1.3 我国安全生产管理现状

1.3.1 坚持"以人为本,安全发展"理念

《安全生产法》明确指出"安全生产工作应当以人为本,坚持安全发展",《中共中央关于制定国民经济和社会发展第十三个五年规划的建议》也明确提出"牢固树立安全发展观念,坚持人民利益至上,加强全民安全意识教育,健全公共安全体系,为人民安居乐业、社会安定有序、国家长治久安编织全方位、立体化的公共安全网,建设平安中国"。

"以人为本"是指以人的生命为根本,人的生命最宝贵,生命安全权益是最大的权益。坚决贯彻落实习近平总书记等中央领导同志关于安全生产工作一系列重要指示精神,坚守发展决不能以牺牲人的生命为代价这条红线,不能以牺牲人的生命、健康为代价换取发展和效益,坚持生命至上意识,牢固树立底线思维。

"安全发展"是指经济社会发展必须以安全为基础、前提和保障。国民经济和区域经济、各个行业和领域、各类生产经营单位的发展,要建立在安全保障能力不断增强、安全生产状况持续改善,劳动者生命安全和身体健康得到切实保障的基础上,做到安全生产与经济社会发展各项工作同步规划、同步部署、同步推进,实现可持续发展。只有抓好安全生产,实现安全发展,国家才能富强安宁,百姓才能平安幸福,社会才能和谐安定。

1.3.2 坚持安全生产方针

《安全生产法》在总结以往我国安全生产管理经验的基础上,确立了"安全第一、预防为主、综合治理"的安全生产工作"十二字方针",明确了安全生产的重要地位、主体任务和实现安全生产的根本途径。

(1)"安全第一",就是在从事生产经营活动中,在处理保证安全与生产经营活动的关系上,要始终把安全放在首要位置,优先考虑从业人员和其他人员的人身安全,实行"安全优先"的原则。在确保安全的前提下,努力实现生产的其他目标。

(2)"预防为主",就是把安全生产工作的重心放在预防上,强化隐患排查治理,打非治违,从源头上控制、预防和减少生产安全事故。按照系统化、科学化的管理思想,按照事故发生的规律和特点,千方百计预防事故的发生,做到防患于未然,将事故消灭在萌芽状态。虽然人类在生产活动中还不可能完全杜绝事故的发生,但只要思想重视,预防措施得当,事故是可以大大减少的。

(3)"综合治理",就是标本兼治,重在治本。在采取断然措施遏制重特大事故,实现治标的同时,积极探索和实施治本之策,综合运用科技手段、法律手段、经济手段和必要的行政手段,从发展规划、行业管理、安全投入、科技进步、经济政策、教育培训、安全立法、激励约束、企业管理、监管体制、社会监督以及追究事故责任、查处违法违纪等方面着手,解决影响制约我国

安全生产的历史性、深层次问题,做到思想认识上警钟长鸣,制度保证上严密有效,技术支撑上坚强有力,监督检查上严格细致,事故处理上严肃处理。

1.3.3 我国现行安全生产工作机制

《安全生产法》提出了"强化和落实生产经营单位的主体责任,建立生产经营单位负责、职工参与、政府监管、行业自律和社会监督的机制"的要求。新的"五位一体"工作机制进一步明确各方安全生产职责,对加强安全生产工作具有重要意义。做好安全生产工作,落实生产经营单位主体责任是根本,职工参与是基础,政府监管是关键,行业自律是发展方向,社会监督是实现预防和减少生产安全事故目标的保障。

(1)生产经营单位负责,是指生产经营单位是安全生产的责任主体,对本单位安全生产负责。生产经营单位既是社会经济活动中的建设者又是受益者,是安全生产中不容置疑的责任主体,负有不可推卸的社会责任。具体到工程建设领域,施工单位、建设单位、勘察单位、设计单位、工程监理单位及其他与建设工程安全生产有关的单位必须遵守和贯彻执行国家关于建设工程安全生产等法律法规和方针政策的规定,建立和落实安全生产管理制度,保证建设工程安全生产,依法承担建设工程安全生产责任。

(2)职工参与,是指生产经营单位从业人员积极参与本单位安全生产管理,正确履行相应的权利和义务。工会依法组织职工参加本单位安全生产工作的民主管理和民主监督,维护职工在安全生产方面的合法权益。职工参与有助于建立企业的安全文化,形成"安全生产,人人有责"的局面。

(3)政府监管,是指各级政府加强对安全生产工作的组织领导,制订并实施安全生产工作规划,建立工作协调机制,协调解决安全生产监督管理中存在的重大问题。负有安全生产监督管理职能的部门依法履行职责,加强对生产经营单位执行安全生产法律、法规、标准情况的监督检查。具体到工程建设领域,主要是监督有关国家建设工程安全生产法律法规和方针政策的执行情况,预防和纠正违反国家建设工程安全生产法律法规和方针政策的现象。

(4)行业自律,是指行业协会、商会等社会组织依照法律、法规、标准和章程,立足"提供服务、反映诉求、规范行为",促进生产经营单位加强安全生产管理。

(5)社会监督,是指建立完善"社区报告监督、工会民主监督、社会舆论监督、公众举报监督"的安全生产联合监督机制。

1.3.4 当前安全生产的工作重点

(1)深入学习贯彻习近平总书记关于安全生产的重要论述

党的十八大以来,党中央、国务院高度重视安全生产工作,习近平总书记对安全生产工作作了一系列重要论述。这些重要论述充分揭示了现阶段安全生产的规律特点,体现了深远的战略眼光,具有很强的针对性、指导性,成为当前做好安全生产工作的行动指南。

深入学习贯彻习近平总书记关于安全生产的重要论述,应全面把握以下基本要点:强化红线意识,实施安全发展战略,始终把人民群众的生命安全放在首位,发展决不能以牺牲人的生命为代价,这要作为一条不可逾越的红线。大力实施安全发展战略,绝不要带血的GDP,安全生产工作不仅政府要抓,党委也要抓,党委要管大事,发展是大事,安全生产也是大事,没有安全发展就不能实现科学发展。抓紧建立健全"党政同责、一岗双责、齐抓共管"的安全生产责任体系，切实做到"管行业必须管安全、管业务必须管安全、管生产经营必须管安全"，强化企业主体责任落实，所有企业都必须认真履行安全生产主体责任，善于发现问题、及时解决问题，采取有力措施，做到安全投入到位、安全培训到位、基础管理到位、应急救援到位。加快安全监管方面改革，加大安全生产指标考核权重，实行安全生产和重大事故风险"一票否决"制。加快安全生产法治化进程，严肃事故调查处理和责任追究，采用"四不两直"（不发通知、不打招呼、不听汇报、不用陪同和接待，直奔基层、直插现场）方式暗查暗访，建立安全生产检查工作责任制，实行"谁检查、谁签字、谁负责"。坚持标本兼治、重在治本，建立长效机制，坚持"常、长"二字，经常、长期抓下去，做到警钟长鸣，用事故教训推动安全生产工作，做到"一厂出事故、万厂受教育，一地有隐患、全国受警示"，建立隐患排查治理、风险预防控制体系，做到防患于未然。

（2）扎实做好安全生产的各项基础性工作

强化安全生产责任体系建设。依法强化企业安全生产主体责任落实，围绕健全安全管理机构、完善安全生产制度、落实安全责任、加强教育培训、加大安全投入、排查治理隐患、做好应急救援、强化职业危害防治等方面，严格执法检查，推动企业落实《安全生产法》规定的法定职责和义务，建立自我约束、持续改进的工作机制。

深化隐患源头治理和安全专项整治。进一步强化安全监管，健全安全风险评估分级和事故隐患排查分级标准体系。根据行业领域实际，研究制定区域性、行业性安全风险和事故隐患辨识、评估、分级标准，建立实行安全风险分级管控机制。强化风险管控技术、制度、管理措施，健全安全风险公告警示和重大安全风险预警机制，定期分析、评估、预警。实施事故隐患排查治理闭环管理，推进企业安全生产标准化和隐患排查治理体系建设。突出抓好重点行业领域隐患源头治理。具体到公路水运工程施工领域，牢固树立"隐患就是事故"的理念，以"平安工地"建设为抓手，突出专项整治重点，加强危险源管理和重大事故隐患清单管理工作，分级挂牌督办重大隐患，落实项目施工风险管控，严防事故发生。

夯实安全基础，提升安全保障能力。加强安全生产法治建设，深入推动《安全生产法》实施及其配套法律法规和安全生产标准制度修订，依法惩处违法违规企业，大力推进监管监察执法规范化建设，保证严格、规范、高效、廉政执法。加强安防工程建设，抓好隐患排查治理体系、风险预防控制体系等建设。加快安全生产急需科技项目研发、转化和推广应用，尽快形成保障安全的现实生产力。加强安全宣传教育，坚持与业务工作同谋划、同部署，强化新闻发布、事故警示等制度及全媒体、立体化宣传平台建设，深入开展安全普法宣传和安全知识教育，提升全民安全意识和安全技能，凝聚起坚守安全红线、推动安全发展的共识。

扎实推进安全监管体制机制改革创新。进一步深化安全生产领域改革，调整优化安全监管资源布局，完善安全监管体制，强化属地监管责任，落实行业部门监管职责。加强基层一线执法力量，创新监管执法机制，提高执法效能。建立健全部门之间、地企之间应急协调联动制度，加强安全生产预报、预警。坚持深化行政审批制度改革与强化安全监管相结合，做到既要简政放权，又要强化市场准入的安全标准。加强督促检查，狠抓各项工作政策措施落实。

1.4　公路水运工程安全管理特点

1.4.1　当前公路水运工程安全生产面临的形势

党的十八届五中全会提出"创新、协调、绿色、开放、共享"的发展理念,公路水运工程安全管理工作如何贯彻落实五大发展理念,创新安全生产管理方法,协力破解安全生产难题,提高安全管理制度执行力,这些都是面临的挑战。"十三五"时期是全面建成小康社会决胜阶段,适应经济新常态,推进供给侧结构性改革,补齐交通基础设施短板,强化交通扶贫脱贫攻坚,打通"最后一公里",加快建成综合交通基础设施网络,交通基础建设仍处于大有作为的重要战略机遇期。交通基础设施投资规模仍将保持高位运行,面临的风险日益增多,对公路水运工程建设安全生产提出新的更高要求。

"十三五"期间,交通运输部明确要求提升我国交通基础设施品质,深入推行现代工程管理,开展公路水运建设工程质量提升行动,努力打造"品质工程"。这些新理念新要求引导交通基础设施建设和安全质量工作发展的方向。同时公路水运工程安全工作面临着转变政府职能和强化事中事后监管,工程更加注重品质和过程细节,更加注重创新与信息公开,安全管理的压力、难度和责任不断增大。

1.4.2　公路水运工程安全生产管理的难点

(1)地点与人员的不固定性。公路水运工程一般为点多、线长、面广,在工程建设中,一是施工单位完成某道工序或某个项目,就必须转移到新的施工点,环境多变。二是劳动分工的专业化,施工人员流动性大。随着工程建设的进展,施工现场的不安全因素也在随时变化。

(2)环境恶劣性。许多工序施工大多是在露天空旷的场地或水域完成的,有些甚至在高温下,悬崖、深谷和海浪汹涌等处作业,环境相当艰苦,防护条件差,生产和管理复杂,容易发生伤亡事故。

(3)施工高空性。高处作业、水上作业、临边作业是经常性的,工程作业面小、而人体作业的动作幅度要大,这样操作工人在十几米甚至几百米的高空进行施工作业,极易产生高处坠落等伤亡事故。

(4)生产艰巨性。公路水运工程的施工目前还是手工操作居多,工人体能耗费大、劳动时间和劳动强度大,其职业危害严重,带来了个人劳动保护的艰巨性。

(5)作业交叉性。近年来,交通建设工程由低向高发展,由地上向地下、水下发展,施工现场却由宽向窄发展,致使施工现场与施工条件要求的矛盾日益突出,多工种立体交叉作业增加,导致机械伤害、物体打击事故增多。

(6)部分工程高风险性。公路水运工程部分项目地质条件复杂、施工技术要求高,危险性较大的分部分项工程增多,尤其是深水基础、大跨径、特殊结构形式的桥梁和长大隧道施工,以及新技术、新工艺、新材料、新设备不断应用,增大了项目安全管理风险。

公路水运施工安全生产的上述难点,决定了生产的不安全因素多存在于高处作业、交叉作业、垂直运输、个人劳动保护以及使用电气机具等环节;伤亡事故也多发生在高处坠落、物体打击、机械伤害、起重伤害、触电、坍塌等方面。同时,新、奇、个性化的工程设计,给公路水运工程施工带来了新的挑战,也给安全管理和安全防护技术提出了新的要求。

1.4.3 公路水运工程安全管理的工作原则

安全生产管理作为管理的主要组成部分,既遵循管理的基本原理与原则,又有其特殊性的原则。公路水运工程安全管理的工作原则是指在生产管理原理的基础上,紧密结合当前国家安全生产法律法规和行业部门规章制度,形成一系列指导安全生产管理工作的通用规则。

(1)"一岗双责"原则。各级政府及其有关部门的主要负责人是本地区安全生产工作第一责任人,对本行政区域、本行业安全生产工作负全面领导责任,担任本级安全生产委员会主任;二是各级政府及其有关部门分管安全生产工作的负责人除对分管行业领域的安全生产工作负直接领导责任外,还承担本行政区域安全生产工作综合协调和监督指导的领导责任;三是各级政府及其有关部门其他负责人对分管行业领域内的安全生产工作负直接领导责任。

(2)"三个必须"原则。管行业必须管安全、管业务必须管安全、管生产经营必须管安全。

(3)"三同时"原则。新建、改建、扩建项目的安全设施必须与主体工程同时设计、同时施工、同时投入生产和使用。对未通过"三同时"审查的建设项目,有关部门不予办理行政许可手续。

(4)"四不放过"原则。调查和处理安全生产事故时,必须坚持事故原因分析不清不放过,事故责任者和群众没有受到教育不放过,没有采取切实可行的防范措施不放过,事故责任者没有受到严肃处理不放过。

(5)"五覆盖"原则。"党政同责"全覆盖;"一岗双责"全覆盖;"三个必须"全覆盖;政府(行政)主要负责人担任安委会主任全覆盖;各级安委会办公室定期向本级纪检、组织部门报送安全生产情况全覆盖。

(6)"五落实、五到位"原则。"五落实"即必须落实"党政同责"要求,企业董事长、党委书记、总经理对本单位安全生产共同承担责任;必须落实安全生产"一岗双责",所有领导班子成员对分管范围内安全生产工作承担相应职责;必须落实安全生产组织领导机构,成立安全生产委员会,由董事长或总经理担任主任;必须落实安全管理力量,依法设置安全生产管理机构,配齐配强注册安全工程师等专业安全管理人员;必须落实安全生产报告制度,定期向董事会、业绩考核部门报告安全生产情况,并向社会公示。

"五到位"即安全责任到位、安全投入到位、安全培训到位、安全管理到位、应急救援到位。

(7)明确与分解责任原则。建立健全安全生产责任制,做到安全生产、人人有责;实现责任落实横向到边、纵向到底。横向即建设项目(企业)各职能部门明确职责,纵向即从上到下所有类型人员明确职责。生产经营单位的主要负责人是本单位安全生产的第一责任者。

(8)预防与控制原则。事故预防与控制,是指从工程技术、教育培训和安全管理等方面入手,采取相应对策,对隐患源排查与整治,使事故不发生或事故发生后造成的损失尽可能减少。

(9)综合治理原则。公路水运工程安全生产涉及工程的各个方面和各个环节,仅靠负责安全生产监管部门是难以实现的,必须提高全社会的安全意识,要依靠群众,形成全社会关注安全、关爱生命的社会氛围。对于工程建设项目,要建立"政府部门监管、建设单位主导、监理单位督促、施工企业负责"安全生产管理体系。

1.5　本书的主要内容

本书共分12章,主要阐述以下内容。

(1)概论:简要介绍了安全生产管理的发展历程、现代安全生产管理基本原理、我国现阶段安全生产管理现状以及公路水运工程安全生产管理特点。

(2)安全生产组织设置与职责:主要明确了工程项目采用的二级安全管理组织的组成形式、主要职责、各岗位组成人员及其主要职责,以及安全生产责任登记等。

(3)安全生产教育:对工程项目建设、监理及施工单位分别提出了不同安全教育要求,对培训对象、培训形式、培训内容作了具体规定。

(4)工地安全环境标准化建设:重点就工地安全环境标准化建设的一般规定、场地的选址要求、场地布置和管理、施工便道和便桥、临时码头和栈桥、临时用电、消防管理、库房管理、标志标牌设置制作与管理等方面提出了刚性的规定或指导性意见。

(5)三阶段安全风险分析与预防:介绍以现场风险分析为主要形式,以预防为主要内容,结合工程进展情况,按照防范措施时效的不同,将事故预防分为预案、预控、预警三个阶段,提出建设工程现场单元预警的方法。

(6)安全风险评估:介绍了风险评估的一般规定、评估步骤、评估方法、评估报告、桥梁和隧道工程施工安全风险评估、路堑高边坡工程施工安全风险评估和桥梁工程施工组织设计安全风险评估,以指导项目参建单位开展风险评估工作。

(7)安全生产检查:介绍了公路水运工程安全生产检查形式、检查类型、检查程序、检查重点、结果处理、评价和改进等内容,以指导项目参建单位开展安全检查活动。

(8)施工现场安全生产管理要点:重点从公路水运工程通用作业、路基工程、路面工程、桥涵工程、隧道工程、改建工程、交通工程、水运工程、装修工程、特种设备等10个方面阐述了公路水运施工现场安全管理要点。

(9)安全生产应急管理:介绍了应急原则,应急管理的基本任务、机构建设、启动、救援与恢复、安全生产事故等级、报告程序、报告内容等。

(10)安全生产费用管理:对安全生产费用的计取、使用范围、使用与计量程序及监督管理等方面提出要求,明确安全生产经费清单及使用计划等内容。

(11)内业资料管理:确立了归档原则,明确建设、监理、施工单位安全管理资料的分类及主要归档内容。

(12)"平安工地"考核评价:根据交通运输部《公路水运工程"平安工地"考核评价标准(试行)》,结合我省实际,制定了本省"平安工地"建设的考核标准,规定了"平安工地"建设中建设单位、监理单位及施工单位的考核要求及考核重点。

此外,本书还附有6个附录。

2 安全生产组织设置与职责

健全组织机构、明确岗位责任是安全生产管理的基础性工作。按照"政府部门监管、建设单位主导、监理单位督促、施工单位负责"的要求,本章结合公路水运工程建设项目安全生产管理特点,提出重点工程建设项目安全生产管理组织形式,即分别成立安全生产管理委员会(以下简称"安委会")和安全生产领导小组(以下简称"领导小组"),规范其机构设置与职责。

2.1 二级安全生产管理组织形式

(1)第一级安委会是以建设项目所有参建单位组成的建设项目安委会,建设单位对所属工程项目安全生产负总责。

(2)第二级领导小组分别以建设单位、监理单位、施工单位为对象,由各自所属有关部门人员组成领导小组。

2.2 建设项目安委会组成与主要职责

2.2.1 安委会组成

主任:项目办主任。
副主任:项目办副主任、项目办总工程师、总监理工程师。
办公室主任:项目办安全部部长。
成员:项目办安全工程师、副总监理工程师(总监代表)、高级驻地监理工程师、项目经理。

2.2.2 主要职责

(1)全面负责本项目安全生产领导与管理工作;
(2)宣传贯彻国家安全生产方针政策,落实上级安全生产要求;
(3)制订安全生产管理工作目标及安全生产工作计划;
(4)建立健全安全生产管理规章制度;
(5)落实"一岗双责"责任制,按规定签订责任书;
(6)落实风险评估制度;
(7)落实事故隐患的排查整改及安全生产标准化建设、"平安工地"建设;
(8)落实定期开展应急预案演练。

2.3　建设单位领导小组组成与主要职责

2.3.1　领导小组组成

组长:项目办主任(安全生产第一责任人)。
副组长:项目办副主任、总工程师。
办公室主任:安全部部长。
成员:各部门负责人、安全工程师。

2.3.2　主要职责

(1)制订安全生产管理目标以及安全工作计划;
(2)建立健全安全管理组织机构和各项安全管理制度;
(3)制订科学合理的建设工期;
(4)明确各职能部门安全生产职责;
(5)督促监理、施工单位对从业人员进行安全教育、培训;
(6)对监理、施工单位安全生产进行检查与考核;
(7)定期召开安全生产例会,组织编制建设工程综合应急预案并组织演练;
(8)及时计量、支付安全生产费用;
(9)配合政府监督部门对本项目的安全检查及事故调查处理。

2.3.3　组长岗位主要职责

(1)贯彻落实国家有关法律法规及上级主管部门的文件精神;
(2)主持制订安全生产管理目标以及安全工作计划;
(3)主持建立健全安全生产责任体系和各项安全管理制度;
(4)督促实施安全检查以及对从业人员的安全培训,及时批拨安全生产费用;
(5)定期主持召开安全生产例会、重大危险源辨识与防控会议,安排布置安全风险防控工作;
(6)组织"平安工地"考核评价工作;
(7)配合政府监督部门对本项目的安全检查及事故调查处理。

2.3.4　副组长(项目副主任)岗位主要职责

(1)参与制订并负责落实安全生产管理目标及安全工作计划;
(2)负责落实安全生产责任制和安全管理制度;
(3)组织安全检查、隐患排查、复查整改结果;
(4)参加月度重大危险源辨识与防控会议;
(5)配合政府监督部门对本项目的安全检查及事故调查处理。

2.3.5　副组长(项目办总工程师)岗位主要职责

(1)对本项目的安全技术工作负总责;
(2)参与制订并负责落实安全生产管理目标及安全工作计划;
(3)参与超过一定规模的危险性较大的分部分项工程专项施工方案论证工作;
(4)参与安全检查,提出解决安全技术问题的建议。

2.3.6　项目办安全部部长岗位主要职责

(1)负责落实安全管理目标、安全工作计划;
(2)负责实施安全检查与考评,进行隐患排查和复查整改结果;
(3)负责督促"三阶段安全风险分析与预防制度"的执行;
(4)参与超过一定规模的危险性较大的分部分项工程专项施工方案论证工作,督促专项安全生产活动落实;
(5)审核安全生产费用的计量、支付;
(6)负责检查监理、施工单位安全教育、培训以及各项安全管理制度落实情况;
(7)督促、检查安全内业资料归档工作。

2.3.7　项目办安全工程师岗位主要职责

(1)负责检查施工、监理单位安全生产责任制及各项安全管理制度落实情况;
(2)负责安全生产日常巡查工作,发现安全隐患及时下达整改通知书,必要时责令施工单位停工整改;
(3)负责报送安全月报,规范安全内业资料归档;
(4)负责落实对监理和施工单位安全生产检查及考评的具体工作;
(5)负责检查安全生产费用使用情况;
(6)负责检查"三阶段安全风险分析与预防制度""单元预警法"的实施,以及"一校、一志、一会"落实情况。

2.4　监理单位领导小组组成与主要职责

2.4.1　领导小组组成

组长:总监理工程师。
副组长:副总监理工程师(总监代表)。
办公室主任:总监办安全监理工程师
成员:各高级驻地、安全监理工程师。

2.4.2　主要职责

(1)建立健全安全管理组织机构及各项安全管理制度;

(2)检查施工单位安全教育、培训工作,以及班前会、"一线工人业余学校"开展情况;

(3)审查施工单位项目负责人、专职安全生产管理人员和特种作业人员资格,以及分包单位的安全生产许可证和资质;

(4)审批施工单位特种设备使用前的验收手续;

(5)检查施工单位安全生产落实情况,对施工现场安全隐患进行排查,并督促整改;

(6)审批专项施工方案;

(7)审核安全生产费用计量与支付。

2.4.3　组长(副组长)岗位主要职责

(1)负责组织实施安全监理工作,承担安全监理责任,组织"平安工地"考核;

(2)负责建立健全安全管理组织机构,组织制定并批准安全监理岗位职责及各项管理制度;

(3)主持编制《安全监理计(规)划》《安全监理实施细则》;

(4)主持审查施工组织设计中的安全技术措施、危险性较大工程(详见附录1)专项施工方案和应急预案;

(5)主持审查施工单位各项安全管理制度制定情况,以及施工单位的资质证书和安全生产许可证符合性;

(6)组织审查施工单位的安全管理人员、特种作业人员资质,以及特种设备投入使用前的验收手续;

(7)组织检查"三阶段安全风险分析与预防""单元预警法""一校一志一会"制度的落实情况;

(8)组织安全检查,对安全隐患要求施工单位及时整改;

(9)对隐患严重的施工单位签发工程暂停指令,并立即报告项目办和政府监督部门;

(10)配合政府监督部门对本项目的安全检查及事故调查处理。

2.4.4　高级驻地监理工程师岗位主要职责

(1)负责驻地办安全监理工作,落实安全监理各项管理制度;

(2)编制并组织实施《安全监理实施细则》;

(3)审查施工组织设计中的安全技术措施、危险性较大工程专项施工方案和应急预案;

(4)审查施工单位安全生产责任制、各项安全管理制度制定和执行情况;

(5)审查施工单位安全管理人员、特种作业人员资质以及特种设备使用前的验收手续;

(6)落实安全检查,发现安全隐患要求施工单位立即整改。隐患严重的应要求施工单位暂停施工,并及时报告总监办;

(7)定期组织召开安全例会。

2.4.5　安全监理工程师岗位主要职责

(1)落实安全监理各项管理制度,严格执行《安全监理实施细则》;

(2)检查施工单位安全生产组织机构、保证体系是否建立健全,以及保证体系运转情况;

(3)检查施工单位安全生产责任制制定和落实情况;

(4)初步审查施工组织设计中的安全技术措施、危险性较大工程专项施工方案和应急预案;

(5)检查施工单位资质证书、安全生产许可证,以及安全管理人员、特种作业人员持证情况;

(6)检查施工单位从业人员安全教育与培训情况;

(7)检查施工单位"一校、一志、一会"开展情况,每月在每个监理合同段至少参加一次班前会、安全技术交底会、危险告知和"一线工人业余学校"授课;

(8)对施工现场进行安全巡查,重点检查安全防护、临时用电、特种设备、危化品等,排查安全隐患,对发现的安全隐患要求施工单位立即整改,情况严重的必须暂时停工并及时上报;

(9)检查督促施工单位安全技术措施有效落实,对危险性较大的工程实行全过程安全监理;

(10)检查督促施工单位安全资料整理归档;

(11)检查安全管理人员配备,审核施工单位安全生产费用的计量;

(12)认真做好安全资料整理归档。

2.5　施工单位领导小组组成与主要职责

2.5.1　领导小组组成

组长:项目经理(安全生产第一责任人)。
副组长:副经理、总工程师、安全总监。
办公室主任:安全部部长。
成员:各部门负责人、专职安全员。

2.5.2　主要职责

(1)制订并落实安全生产管理目标以及安全工作计划;
(2)建立健全安全管理组织机构及安全保障体系;
(3)制定并落实各项安全生产管理制度;
(4)明确各职能部门安全生产职责;
(5)落实安全教育、培训,做好安全技术交底、班前会及"一线工人业余学校"工作;
(6)落实"三阶段安全风险分析与预防"和应急预案的演练工作;
(7)定期和不定期进行安全检查,对施工现场安全隐患进行排查整改,落实各种安全保障措施;
(8)按规定配备安全专职管理人员,保证安全生产费用足额投入、正确使用;
(9)定期召开安全生产例会。

2.5.3　组长岗位主要职责

(1)对所承包的工程项目安全生产负总责,落实"平安工地"创建工作;
(2)主持制订安全生产管理目标及安全工作计划;
(3)建立健全安全管理组织机构及安全保障体系;
(4)主持制定安全生产责任制及各项安全生产管理制度;
(5)组织安全教育与培训,适时开办"一线工人业余学校";
(6)组织落实"三阶段安全风险分析与预防"制度;
(7)定期和不定期进行安全检查,对施工现场安全隐患进行排查整改,落实各种安全保障措施;
(8)按规定配备安全生产管理人员,保证安全生产费用足额投入、正确使用;
(9)定期召开安全生产例会;
(10)配合上级部门对本合同段安全检查及事故调查处理。

2.5.4　副组长(项目副经理)岗位主要职责

(1)参与制订安全生产管理目标、安全生产计划并组织实施;
(2)组织落实安全生产责任制及各项安全生产管理制度;
(3)落实安全教育培训和"一线工人业余学校"工作;
(4)参与编制危险性较大工程专项施工方案并组织实施;
(5)负责落实"三阶段安全风险分析与预防"制度;
(6)定期和不定期开展安全检查,对施工现场安全隐患进行排查整改。

2.5.5　副组长(项目总工程师)岗位主要职责

(1)对工程施工的安全生产技术负责;
(2)参与制订安全生产管理目标、安全生产计划;
(3)组织编制施工组织设计中安全技术措施和"十类"危险性较大工程安全专项方案;
(4)组织专家对危险性较大工程专项施工方案进行论证、评审;
(5)参加安全生产检查,对安全隐患负责制订整改措施;
(6)做好安全生产技术交底,为"一线工人业余学校"授课。

2.5.6　副组长(安全总监)岗位主要职责

(1)对本合同段安全生产负监督责任;
(2)监督检查项目安全生产组织机构是否建立健全,安保体系是否正常运转;
(3)监督检查项目安全生产责任制及安全管理制度制定和落实情况;
(4)监督检查专项施工方案的落实情况;
(5)参与安全生产检查,监督安全生产隐患排查及整改落实情况;
(6)监督检查安全资料归档工作;
(7)监督安全生产费用投入使用情况。

2.5.7 安全部长及专职安全员岗位主要职责

(1)认真落实安全生产责任制和各项安全管理制度;
(2)定期或不定期对一线工人进行教育,建立完善的安全教育培训档案;
(3)参与安全技术交底会,负责检查班前会开展情况并做好记录;
(4)负责制订安全生产经费计划,保证经费正确使用;
(5)检查机械设备使用、保养、维修情况,办理特种设备使用验收手续;
(6)检查维护施工现场安全防护和安全设施;
(7)检查安全技术措施的落实,对危险性较大工程实行全过程旁站;
(8)负责落实危险源的辨识及单元预警工作;
(9)排查安全隐患,督促隐患整改,发现严重隐患立即停工并及时上报;
(10)认真做好安全生产每日自查工作,记好安全日志,做好安全台账,负责资料归档;
(11)检查施工班组长岗位职责落实情况。

2.5.8 施工班组长岗位职责

(1)服从和接受专职安全员的检查与指导;
(2)严格遵守安全技术操作规程,有权拒绝一切违章指挥;
(3)负责施工班组的安全教育,组织人员参加项目部开办的"一线工人业余学校",认真开好班前会、做好安全技术交底;
(4)在每个分项工程或分部工程开工前要对所使用的机械、设备、防护用具和作业场地进行安全检查;
(5)落实现场安全防护措施和一切安全生产隐患整改指令。

2.6 二级安全生产管理组织框图

2.6.1 建设项目安委会组织框图(图2-1)

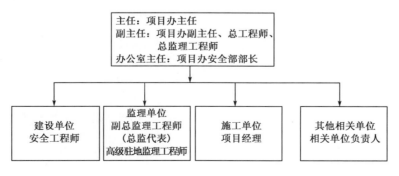

图2-1 建设项目安委会组织框图

2.6.2 建设单位领导小组组织框图(图2-2)

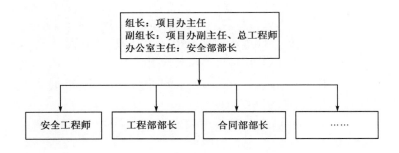

图2-2　建设单位领导小组组织框图

2.6.3 监理单位领导小组组织框图(图2-3)

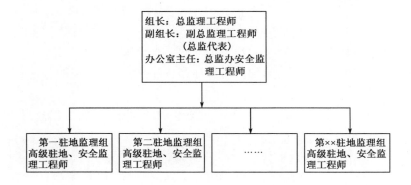

图2-3　监理单位领导小组组织框图

2.6.4 施工单位领导小组组织框图(图2-4)

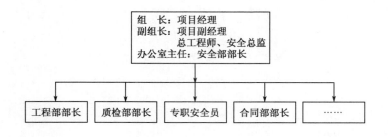

图2-4　施工单位领导小组组织框图

2.7 安全生产责任登记

为进一步强化安全生产责任制,全面推进安全生产责任落实,依据交通运输部《关于加强公路水运工程质量和安全管理工作的若干意见》(交安监发〔2014〕233号),公路水运重点工程应开展安全生产责任登记。

2.7.1 登记范围

全省新建、改(扩)建的高速公路、独立特大桥、水运重点工程项目纳入登记范围。

2.7.2 登记人员

建设、勘察、设计、施工、监理等单位安全生产责任人。

2.7.3 登记要求

(1)建设单位负责组织填写《安徽省公路水运重点工程建设项目安全生产责任登记表》(详见附录4皖交安表-02),开工三个月内报项目质监机构,同时责任单位填写后报项目建设单位备查。

(2)项目建设过程中,从业单位安全生产责任人若发生变更,必须及时变更登记并报备。

(3)建设单位应严格审查安全生产责任登记表的内容,确保完整性、真实性,并汇总编印成册。

3 安全生产教育

安全生产,教育为先。做好施工安全教育培训工作,不断强化参建人员的安全意识,提高安全生产管理人员水平和一线作业人员的操作技能,能有效防范安全生产事故发生。本章在项目参建单位完成国家有关部门规定的培训教育内容和时间基础上,主要阐述了针对施工现场的安全生产教育形式、内容和学时。

3.1 建设单位安全教育

3.1.1 建立教育制度和计划

建设单位制定本项目安全教育培训制度和计划,负责本项目安全负责人和安全管理人员培训,监督管理本项目监理、施工单位的安全教育培训。

3.1.2 组织教育

建设单位每季度必须至少组织一次由建设项目安委会成员参加的安全教育培训,学习传达有关文件,总结分析本项目安全生产情况。每年根据情况至少组织一次特种作业人员培训,对其开展安全知识和安全意识教育。

3.1.3 主要管理人员接受教育

建设单位主要管理人员每半年必须接受不少于1次(4学时)的安全培训。

3.1.4 检查教育

(1)建设单位每季度负责组织1次施工、监理单位的安全教育和培训情况检查。
(2)安全部部长和安全工程师每月要检查施工单位安全教育和培训情况;安全工程师每月必须参加施工单位1次一线工人业余学校的安全教育培训、1次班前会的安全交底。

3.2 监理单位安全教育

3.2.1 建立教育制度和计划

监理单位负责制定本监理单位安全教育培训制度,编制安全教育培训计划。

3.2.2　全员培训

所有监理人员每半年必须接受不少于 1 次(4 学时)的安全教育培训。

3.2.3　监督施工单位教育

(1)监督施工单位一线工人的"三级教育"执行情况；
(2)监督施工单位一线工人业余学校的开办情况、班前会的执行情况；
(3)监督施工单位安全技术交底情况；
(4)监督施工单位应急预案演练情况。

3.2.4　安全监理工程师参与授课和交底

驻地安全监理工程师每月在所监理的每个合同段参加至少 1 次班前会、安全技术交底和一线工人业余学校授课。

总监办安全监理工程师每年在所监理的每个合同段参加至少 1 次班前会、安全技术交底和一线工人业余学校授课。

3.3　施工单位安全教育

3.3.1　建立教育制度和计划

施工单位要建立本单位安全教育培训制度，根据工作性质对其从业人员进行安全培训，保证其具备本岗位安全操作、应急处置等知识和技能。制订安全教育培训计划，包括"一校、一会"、安全技术交底等详细的教育计划及执行情况，建立安全教育培训台账。

3.3.2　企业三级安全教育

(1)企业三级安全教育是指每位新进企业人员必须接受公司(企业)、项目部和班组三级安全生产方面的基本教育。

(2)公司安全教育为上岗前的教育，项目部教育为到本项目后 10 天内的教育，班组教育为参加班组工作半年内的教育。三级教育时间分别不少于 15 学时、15 学时、20 学时。

(3)从业人员在本单位内调整工作岗位或离岗一年以上重新上岗时，应当重新接受项目部和班组级的安全培训。待岗超过 6 个月重新上岗的一线工人需重新进行班组级的安全培训。

(4)三级安全教育主要内容。

公司(企业)级安全培训教育的主要内容是国家和地方有关安全生产的方针、政策、法规、标准、规范、规程和企业的安全规章制度等。本单位安全生产情况及安全生产基本知识；本单位安全生产规章制度和劳动纪律；从业人员安全生产权利和义务；有关事故案例等。

项目级安全培训教育的主要内容是工地安全制度、施工现场环境、工程施工特点及可能存在的不安全因素等；所从事工种可能遭受的职业伤害和伤亡事故；所从事工种的安全职责、操作技能及强制性标准;自救互救、急救方法、疏散和现场紧急情况的处理;安全设备设施、个人防护用品的使用和维护;本项目安全生产状况及规章制度;预防事故和职业危害的措施及应注意的安全事项;有关事故案例;其他需要培训的内容。

班组级安全培训教育的主要内容是本工种的安全操作规程、事故案例教育、劳动纪律;岗位与岗位之间工作衔接配合的安全与职业卫生事项、有关事故案例、其他需要培训的内容。

（5）施工单位需建立"三级安全教育记录表"，各级教育需有教育者签名（见附录4 皖交安表-06）。

3.3.3 "安管人员"继续教育

（1）"安管人员"是指施工企业主要负责人和安全生产管理人员。

（2）主要负责人和安全生产管理人员初次安全培训时间不得少于32学时。"安管人员"在考核证书有效期内，每年再培训时间不得少于12学时。新上岗的从业人员，岗前安全培训时间不得少于24学时。

（3）项目部安全管理人员应按要求每年接受不少于2次安全生产知识培训。

3.3.4 "一校、一会"经常性教育

1）"一校"

"一校"即一线工人业余学校。要求加强对一线工人，特别是农民工安全意识和生产技能培训。

（1）"一线工人业余学校"开办条件

①硬件环境:教室面积应不少于$40m^2$，可与工地会议室合并，配备投影仪、黑板、桌椅等必要的教学设备。教室门边悬挂"××项目××合同段一线工人业余学校"校牌。

②实行"一长三员"制。项目经理任校长，项目部总工、专职安全员和安全监理工程师任教员，必要时可聘专家授课。

③教室内悬挂学校组织机构框图、课堂管理制度等;同时做好教学档案工作，包括教学计划、课程表、授课记录、授课教案、学员签到簿等。

（2）开课频次

①每名工人一般每月接受培训不少于一次。

②遇到特殊工序、特殊气候（主要是指夏季、冬季等）、特殊环境（主要是指在交叉作业、高处作业等）以及采用新技术、新工艺、新设备、新材料时，必须对作业人员开班培训。

③新工人上岗前必须开班培训。

（3）教学管理与督促检查

①所有在建重点公路水运工程项目的每个标段都必须建立"一线工人业余学校"，加强对一线工人，特别是农民工安全意识和生产技能的培训。

②项目经理要对学校的开课次数和上课内容负总责。项目部每月要结合工程进展情况制订培训计划上报监理单位审批，报项目办备案。

③教学内容和形式要灵活多样，坚持安全生产与教育培训相结合、以会代训与案例教学相结合、文字教学与音像播放相结合。每次上课时间宜为30~50分钟。

④总监办要加强"一线工人业余学校"开班情况的督促检查,规范教学行为,提高办学效果,全面提升项目安全生产管理水平。

2)"一会"

"一会"即安全交底班前会。要求每次上班前,班组长必须召开"班前会",根据工人工作环境着重向班组人员介绍当班施工中的安全注意事项,并布置安全防护措施现场落实工作。

各工点每次开工前,班组长必须召开"班前会",根据工人工作环境着重向班组人员介绍当班施工中的安全注意事项,并严格检查安全防护措施是否到位。安全技术人员必须根据工程施工部位有针对性地向班组进行安全交底,每天填写"安全日志",要如实记录当天安全生产情况,重点考虑第二天施工内容与安全注意事项。

每次"一校""一会"教育后,都应认真填写一线工人业余学校教育表、班前会教育表(见附录4 皖交安表-07、皖交安表-08)。

3.3.5 安全技术交底

施工单位实行"三级交底"制度即公司对项目部进行安全技术交底,项目部对施工现场的班组进行安全交底,班组长组织对操作工人进行安全技术交底。

负责项目管理的技术人员应当对有关安全施工的技术要求向施工班组、作业人员进行安全技术交底,并由双方签字确认(见附录4 皖交安表-17、皖交安表-18)。

3.3.6 特殊工种、特种工序、特殊时期、特殊气候和特殊环境的安全教育

(1)从事特种作业的人员,必须经专门的安全技术培训并考核合格,取得《中华人民共和国特种作业操作证》,方可上岗作业;特种作业操作证申请复审或延期复审前,特种作业人员应当按规定参加不少于8学时的安全培训并考试合格。

(2)特种工序施工前要做好安全防护措施及方案更新技术安全教育后,方可上岗工作。

(3)特殊时期的安全教育。主要是指国庆、春节等节假日及国家一些重大活动,及项目停工、复工前等对工人的安全教育,特殊时期安全教育要有针对性、前瞻性。

(4)特殊气候的安全教育。主要是指夏季、冬季等特殊气候下施工安全教育。如防汛、防雷电、防台风、防寒防冻、防中暑,做好自然环境突变的应急防患,以确保安全生产。

(5)特殊环境的安全教育。主要是指在交叉作业、高处作业等特殊作业环境,以及易发生滑坡、泥石流、坍塌等特殊地质环境下施工的安全生产教育。

3.4 教育对象及内容

3.4.1 高层管理人员

指各参建单位领导及部门负责人。培训内容主要以方针政策和标准规范教育培训为主,主要内容如下:

(1)国家有关安全生产方针、政策、法律法规;

(2)安全生产管理和施工现场环境标准化;

（3）项目安全生产责任管理制度；
（4）安全生产管理基本知识、安全生产技术、职业危害及预防知识；
（5）重大危险源管理、重大事故防范、应急管理和救援组织以及事故调查处理的有关规定；
（6）典型事故和应急救援案例分析。

3.4.2 中层管理技术人员

指各参建单位管理部门人员。培训内容主要以标准规范和安全技术措施教育培训为主，主要内容如下：
（1）安全生产责任制；
（2）安全标准化；
（3）安全管理评价标准及各部门安全职责；
（4）安全管理的基本知识、方法与安全生产技能；
（5）事故隐患排查、重大事故防范以及安全生产信息统计与报告；
（6）典型事故和应急预案；
（7）有关施工安全技术规范标准。

3.4.3 一线工人

培训内容主要以安全防范意识的提高、安全防范方法的掌握、安全防护措施的实施和逃生技能为主，内容如下：
（1）有关安全生产方面的权利和义务；
（2）安全生产基本知识和劳动纪律；
（3）岗位危险源及危害因素控制要点；
（4）岗位安全操作规程；
（5）劳动用品的正确使用；
（6）操作工艺技能培训及质量知识学习；
（7）预防危害的方法，自救、互救常识；
（8）安全心理与健康教育；
（9）案例教育。

3.5 教育形式

（1）安全教育的形式要结合安全生产实际统筹安排，要坚持安全生产与技术培训相结合，形象培训与老工人"传帮带"相结合。
（2）安全教育可以采取集中培训、半工半培、送教上门、以会代训等形式，也可以通过开设宣传栏，竖立单元预警牌，举办安全知识竞赛，编制通俗易懂的文字和音像资料等形式。
（3）应急预案演练是安全教育的有效形式，建设项目每年要有针对性地开展应急预案演练。预案演练可以采用桌面演练、书面演练和现场演练等形式，特别要注意现场实际演练。

3.6 基本要求

(1)注意对新从业人员,特别是农民工的教育培训;注意生产中新技术、新工艺、新材料、新设备以及工作中的新环境,及时开展有针对性的安全生产教育培训。

(2)未经安全生产教育培训和教育培训未达课时要求,或培训考试不合格的人员不得上岗作业。

(3)法律、法规对不同岗位人员的安全教育和培训时间、内容,另有规定的,必须按其规定执行。

4 工地安全环境标准化建设

良好的生产环境,能有效减少人的不安全行为,为施工生产机械设备的正常运行提供环境保障。本章就工地安全环境标准化建设的一般规定、场地的选址要求、场地布置和管理、施工便道和便桥、临时码头和栈桥、临时用电、消防管理、库房管理、标志标牌设置制作与管理等方面提出了刚性的规定或指导性意见,以进一步改善施工作业环境和员工的生产、生活条件,实现施工安全标准化管理目标。

4.1 一般规定

(1)项目施工现场的办公区、生活区与生产区应分开设置,并保持一定安全距离。办公区、生活区的选址应符合安全要求。

(2)施工现场使用的装配式活动板房材料应选用阻燃材料,所用材料必须符合国家相关标准要求并有生产厂家出具的产品合格证。临时搭建的建筑物应符合安全使用要求,合理设置缆风绳。

(3)生产、生活活动板房应按防火规定保持必需的安全净距,一般情况下办公用房、宿舍不小于4m,发电机房、配电房不小于4m,厨房操作间、可燃材料库房、锅炉房不小于5m,可燃材料堆场及其加工场、固定动火作业场不小于7m,易燃易爆物品库房不小于10m。

(4)施工单位应当在临时用电设施,爆破物,有害危险气体、液体存放处以及孔洞口、隧道口、脚手架、基坑边沿、码头边沿、桥梁边沿等危险部位,设置明显的安全警示标志和必要的安全防护设施。

(5)在拌和站、预制场、特大桥、隧道、枢纽、码头、船闸等关键施工场所宜设置视频监控系统。

(6)对边通车(通航)、边施工,以及场地狭小、行人和运输繁忙的特殊段落,应设置警告标志或警示灯带等,配备专职人员指挥车辆(船舶),疏导交通。

(7)施工现场内的起重机、井字架、龙门架等机械设备,以及钢脚手架和正在施工的在建工程等的金属结构,当在相邻建筑物、构筑物等设施的防雷装置接闪器的保护范围之外时应安装防雷装置。

(8)民用爆炸物品库房的设置和管理应符合国家有关规定和要求。工地储油罐与在建工程防火间距应不小于15m,远离明火作业区、人员密集区、建(构)筑物50m以外,并设围栏防护。

(9)对环境有污染的设施和材料应放置在远离人员居住、办公的较为空旷的地点。污染严重的工程场所应配有防污染的设施。

(10)偏远的工地应设置医务室,配备医务人员及必要的医疗设备;其他的工地无条件设置医务室时，应配备常用药品及紧急救助医疗设施。

(11)安全"三宝"使用要求。

安全"三宝"是指作业人员佩戴的安全帽、安全带和建筑施工现场使用的安全网等劳动防护用品。安全"三宝"的佩戴和使用必须符合《建筑施工作业劳动防护用品佩备及使用标准》(JGJ 184)、《建筑施工高处作业安全技术规范》(JGJ 80)相关要求。

劳动防护用品必须符合有关国家标准要求；应具有生产许可证、产品合格证、劳动防护用品安全标志(LA 标志)等相关资料。

①安全帽使用要求。

a. 安全帽必须并符合《安全帽》(GB 2811)规范要求。

b. 安全帽要有下颚带和后帽箍并拴系牢固，防止帽子滑落。

c. 要定期或不定期对安全帽的使用进行检查，发现开裂、下凹、老化、裂痕和磨损等情况，必须及时更换。

d. 项目参建单位人员应根据岗位，分色佩戴安全帽(详见附录6)。

②安全网使用要求。

a. 安全网必须符合《安全网》(GB 5725)规范要求，所使用的密目式安全立网网目不低于2000目/100cm^{2}的要求，并应具有抗冲击、耐贯穿和阻燃等性能，严禁使用"防尘网"。

b. 安全网设置要求。

(a)外脚手架高处作业时，在操作层架子外侧应设有挡脚板、护身栏杆和在栏杆上立挂安全网。网的下口挂搭必须封严绷死(即形成网兜)，网平面与支撑人员的作业平台边缘的最大间隙不得大于10cm。

(b)高处作业时需设置安全平网，安全平网应外高里低，一般以15°为宜，网不要绷紧。负载高度在≤5m时，网应最少伸出最边缘作业点2.5m，负载高度在5~12m时，应最少伸出3m。

③安全带使用要求。

a. 安全带必须符合《安全带》(GB 6095)规范要求。

b. 应定期或不定期对安全带使用进行检查，对不合格的必须及时更换。

c. 高处作业、攀登及悬吊作业必须按作业类别佩戴安全带，安全带应高挂低用并拴挂牢固，挂吊销口性能良好，绳索无脆裂、断脱现象，皮带各接口完整、牢固、无腐蚀和虫蛀现象；不得将安全绳打结使用，使用3m以上长绳应加缓冲器(自锁钩用吊绳除外)。

4.2 选址要求

(1)办公区和生活区选址必须避开泥沼、悬崖、陡坡、塌方、落石、泥石流及高压线路走廊等危险区域，设在水文、地质良好的地段。选址要考虑交通便利、通信畅通和办公自动化要求，尽量靠近施工现场，方便管理。

(2)施工现场的变电所、发电机房、临时油库等均应设在平坦干燥的地基上，应符合防火、防洪、防坍塌、防泥石流、防风、防爆、防震的要求。

(3)项目经理负责在进场前组织相关人员按照确保安全和方便管理的要求进行选址调查，确定选址方案后，送监理单位审查，报建设单位批准实施。

4.3　场地布置

（1）施工现场的场地划分为办公区、生活区、生产区,做到布局合理,整洁美观。

（2）施工现场内的各种运输道路、生产生活房屋、易燃易爆仓库、材料堆放,以及动力通信线路和其他临时工程,应按照有关安全规定合理分布。

（3）办公区、生活区和生产区应地面平整,垃圾箱（池）设置合理,及时清理,厕所保持清洁,并有专人清扫。生活区张贴（挂）卫生责任区公示牌和卫生管理规定,并经常组织检查。

（4）办公区、生活区和生产区应做好供排水系统,设置污水沉淀池,保证排水通畅;临时用电布设合理,配电规范。

（5）办公区、生活区和生产区应根据实际情况,按消防相关规定设置消防沙箱、沙池,配备消防器材,并张贴（挂）"消防责任牌"和"消防安全、人人有责"等宣传警示牌。

4.4　场地管理

4.4.1　项目部办公区、生活区

（1）办公、生活区四周,应采用不低于 2m 的砖砌围墙或通透式围栏封闭管理,场地出入口应设置牢固美观、开启方便的大门,大门一侧应设置单位（场地）铭牌,场地出入口应设有门卫（值班）室。

（2）项目部驻地用房采用活动板房材料自建时,应坚固、安全、耐用,满足工作、生活要求。活动板房搭建高度不宜超过两层,房间净空高度不低于 2.6m。食堂、厕所只限一层,会议室应设在第一层。屋顶排水应通畅,砖混结构墙体下部设 0.5m 高的墙裙,地面设散水,排水坡不小于 3%。办公区内各部门应设铭牌。

（3）会议室。

①面积及硬件要求:会议室面积不小于 $120m^2$,地面铺地砖,屋内安装空调,能够满足 30 人以上的会议要求。会议室应配备投影仪、大小适中的写字板等常用会议设施。

②会议室内管理图表均应装裱上墙。管理图表应包括平面布置图、项目部组织机构框图、质量保证体系框图、安全保证体系框图、工程进度形象图、工程总体目标图、工期计划图等。

（4）办公室。

①项目部所属各部门办公室,应根据各自功能单独设立,分开办公。面积人均不小于 $6m^2$,地面硬化处理,屋内安装空调,配备必要的办公设施。

②办公室内应张贴相关管理制度和岗位职责。

（5）资料室。

①项目部应设置单独的资料室,以使文件资料的保管与其他办公场所分开。资料室应具备防火、防盗、防虫、防潮、防光、防高温、防御有害气体的功能,采用必要的防范措施。

②资料室的大小应考虑存放资料的类别及数量,还应考虑 1 人的办公位置,含两张办公桌。

③资料室内应张贴相关管理制度和岗位职责。

(6)"四项"生活设施。

①宿舍。

a. 项目部宿舍要坚固、美观,四周墙壁抹灰刷白,地面硬化防潮。宿舍门窗齐全,开关方便,必要时应安装防盗、防蚊蝇设施。

b. 宿舍禁止设置通铺或采用钢管搭设上下铺。床铺不得超过两层,单层铺占地面积不低于4m²/铺,双层铺占地面积不低于3m²/铺。

c. 宿舍生活用品应放置整齐,有条件的每人可设(排号)生活专用组合柜。室内严禁私拉电线、使用大功率电气设备和明火做饭。

d. 宿舍内张贴卫生、防火管理制度。

②食堂。

a. 食堂使用面积按就餐高峰人数的70%计算,人均1m²。食堂净空高度不低于2.8m,水泥硬化地面,保证室内不积水,位置距厕所、垃圾池等污染源不小于30m。

b. 食堂应配备必要的排风设施和冷藏设施。食堂案板生、熟必须分开,配置必要的碗筷消毒设备。保证供应符合卫生标准的饮用水。

c. 食堂内应设有防尘、蚊、蝇、鼠等设施,应设置隔离油池并及时清理。生活垃圾要装入容器,有专人管理及时清运。

d. 应当使用取得燃气经营许可证的供应企业提供的合格的燃气钢瓶;钢瓶供应多台液化石油气灶具的,应当采用硬管连接,并将用气设备固定;钢瓶与单台液化气灶具连接使用耐油橡胶软管的,应当用卡箍紧固,软管的长度控制在1.2~2.0m之间,且没有接口;软管不得穿越墙壁、窗户和门。

钢瓶应放置在易搬动、通风良好、周围无易燃易爆物品处,与灶具(热源)间安全距离为1~1.5m,周围温度不超过45℃,禁止用明火、热水、蒸汽对气瓶进行加热;在使用液化气前要检查接头、橡胶管是否破损、漏气,点火后要随时注意燃烧情况,调节火焰;同一房间内不得同时使用液化石油气和蜂窝煤等其他明火;单独存放时,存放处应保持通风良好,不得在其周围堆放易燃易爆物品。

厨房内部应加装可燃气体浓度报警装置,配置必要的消防设施。相邻房间不得住人。

e. 食堂从业人员须持有健康证,并定期检查;工作时必须戴帽子、口罩,穿工作服。

f. 设有锅炉房的,锅炉房门口侧面墙上,悬挂"锅炉重地,闲人免进"的公示牌,屋内醒目位置张贴安全操作规程牌和安全警示牌。

③厕所。

a. 项目部男女厕所必须分设,面积按现场人均0.2m²或不小于10m²设置。

b. 厕所采用水冲式或移动式类型,确保卫生清洁。大小便池内镶贴瓷砖,室内水泥硬化地面,且有照明设施。

c. 厕所应指定专人负责卫生清扫,定时冲刷、消毒,防止蚊蝇滋生。化粪池设立相对密封,无外溢,符合卫生要求。

④浴室。

浴室面积按现场人均0.3m²或不小于15m²设置,分设男女浴室。浴室应有冷热水供应,符合安全要求。

4.4.2 监理驻地

监理驻地办和总监办应相对独立设置,严禁驻地办和总监办合署办公。监理驻地建设标准按表4-1执行。

监理驻地建设标准　　　　　　　　　　　表4-1

编　号	名　称	配备标准
1	办公用房	人均不低于6m²
2	会议室	不小于60m²
3	试验室	不小于175m²
4	资料室	不小于40m²
5	生活用房(宿舍、浴室、厕所)	人均不低于4m²
6	食堂(含餐厅)	人均不低于0.8m²

4.4.3 拌和站

1)面积

水泥混凝土拌和站占地面积一般不少于10 000m²;水稳拌和站占地面积一般不少于15 000m²;沥青拌和站占地面积一般不少于30 000m²。

2)场地处理

(1)拌和站场地普通硬化:要求使用(>15cm 碎石垫层)+(>10cm C15 混凝土)硬化处理。

(2)拌和站场地道路硬化:要求使用(>20cm 碎石垫层)+(>20cm C20 混凝土)硬化处理。

(3)拌和站储料仓硬化:要求使用(>20cm 碎石垫层)+(>15cm 水泥剂量为4% 水稳)+(>15cm C20 混凝土)硬化处理。

(4)拌和站应具备完善的排水设施。各种集料必须分隔储存,料场及场内道路应做硬化处理,严禁泥土污染集料。

(5)水泥混凝土、路面面层储料场应加设结构顶棚,顶棚须经具有相应资质的设计单位设计后方可施工,顶棚起拱线高度不小于7m,顶棚雨水采用PVC－U管集中排至四周的排水沟,两端的储料仓外侧面与端面设置封闭围挡,防止雨水在风力作用下进入料仓。

(6)拌和站应远离生活区、居民区,尽量设在生活区、居民区的下风向。

3)场地管理

(1)拌和站采用封闭式管理,进出有专用道路、大门。

(2)应合理划分拌和作业区、材料计量区、材料库、运输车辆停放区、试验区、集料堆放区及生活区等,内设洗车池、污水沉淀池和排水系统。沉淀池四周应用金属隔离栅封闭,树立安全警示标志牌。

(3)拌和站各罐体应专项设计,宜连接成整体,安装缆风绳和避雷装置;作业平台、储料仓、集料仓、水泥罐等涉及人身安全的部位均应设置安全防护装置。

（4）沥青拌和楼内不得采用碘钨灯照明，不得用电热管等设施取暖，严防火灾。料仓内保温、通风措施应得当，避免生火取暖加温造成废气集中，防止一氧化碳中毒。

4.4.4 钢筋加工场

1）面积

钢筋加工场架构宜采用钢结构搭设，顶棚应采用固定式拱形防雨棚，高度应满足设备操作空间（起拱线高度不小于7m），并设置避雷及防风等保护措施。钢筋加工场的面积根据加工量大小，可分为大、中、小三种规模，面积满足表4-2的要求。

钢筋加工场地规模及面积　　　　　　　　　　表4-2

规　模	加工总量(t)	加工场地面积(m^2)
大	>10 000	≥3 500
中	6 000~10 000	≥2 000
小	3 000~6 000	≥1 500

2）场地处理

（1）钢筋加工场应根据工程实际情况集中布置，材料堆放区、成品区、作业区应分开或隔离。

（2）钢筋加工场场地硬化：要求使用（基土夯实）+（>15cm碎石垫层）+（>10cm C20混凝土）硬化处理。

（3）场地硬化按照四周低、中心高的原则进行，面层排水坡度不应小于1.5%，场地四周应设置排水沟，排水沟底面采用M7.5砂浆进行抹面。

3）场地管理

（1）钢筋加工场应实行封闭管理，储存区、加工区、成品区分布合理，各作业区设置明显的分区标志标牌。

（2）严禁使用非起重设备或自行组装的门吊进行吊装作业。

（3）金属加工机械的工作台应稳固可靠，防止受力倾斜。

（4）用电要求采用架空或穿管地埋布设，严格按照"三级配电、两级保护"要求进行配电。

（5）焊接、切割场所应设置禁止或警告标志。使用氧气、乙炔等易燃易爆场所应设置禁止标志或明示标志。消防器材放置场所应设置消防责任铭牌。

4.4.5 预制场

1）面积

（1）一般路基合同段预制场占地面积一般不小于6 000m^2。

（2）主要工程为隧道的合同段预制场占地面积一般不小于4 000m^2（或经相关单位批准与相邻合同段共用）。

（3）主要工程为桥梁的合同段预制场占地面积一般不小于8 000m^2。

2）场地处理

（1）预制场布置要符合工厂化生产的要求，道路和排水畅通，场地四周用砖砌围墙（或通透式围墙）。预制场的所有场地要求使用：（>15cm 碎石垫层）+（>10cm C15 混凝土）硬化处理。预制场的行车道路要求使用：（>15cm 碎石垫层）+（>10cm C20 混凝土）硬化处理。

（2）预制场场地硬化按照四周底、中心高的原则进行，面层排水坡度不应小于1.5%，场地四周应设置排水沟。

（3）预制台座、存梁区枕梁、龙门吊轨道基础须采取加固处理措施，视地基承载力情况考虑适当配筋。预制台座两侧加固处理须满足梁板张拉起拱后基础两端的承载力要求；存梁区枕梁应设在离梁两端面各50~80cm处，且不影响吊装，支垫材质应采用满足承载力要求的非刚性材料；龙门吊基础应进行受力计算，能承受工作状态的最大荷载。对预制台座、存梁区枕梁、龙门吊轨道基础需进行沉降观测、分析，发现异常应及时处理。

3）场地管理

（1）预制场宜采用封闭式管理，周边存在边坡时应进行安全防护，设置排水设施。

（2）预制场与混凝土拌和站应靠近设置，场内的办公区、生产区、操作工的生活区等，要做到区域功能分明。

（3）预制场用电要采用架空或穿管地埋布设，严格按照"三级配电、两级保护"要求进行配电。

（4）梁板最多存放层数应符合设计文件和相关技术规范要求。设计文件无规定时，空心板叠层不得超过三层，小箱梁和T梁叠层不得超过两层。存放时（特别是叠层存放）应采取支撑措施，确保梁板稳定。

（5）梁板张拉作业区应设置操作规程和安全警示标志，张拉端设置可移动式钢板防护设施。

4.5 施工便道和便桥

（1）便道、便桥原则上利用老路、方便施工、服务地方。便桥应执行"设计—审批—制作—安装—验收—投入使用"的程序，便桥应定期养护。

（2）便道技术要求。

①单车道的施工便道宽度不宜小于4.5m，并应设置错车道，错车道应设置在视野开阔地段，间距不宜大于300m。设置错车道的施工便道宽度不宜小于6.5m，有效长度不宜小于20m；双车道的施工便道宽度不宜小于6.5m。

②一般便道标准：（>40cm 改善土）+（>20cm 泥结碎石）。在软土或水田地带，要处理好基层并做必要的防护。

③场（站）、重点工程施工等大型作业区，进出场的便道200m范围应硬化，标准为：（>20cm 碎石垫层）+（>20cm C20 混凝土）。

④施工便道应设置排水沟，沟底宽度和深度不小于30cm，排水通畅。

⑤路拱坡度应根据路面类型和现场自然条件确定，并应大于1.5%。

⑥施工便道在急弯、陡坡、连续转弯等危险路段应进行硬化，设置警示标志，并根据需要设置防护设施。

⑦施工便道与既有道路平面交叉处应设置道口警示标志,有高度限制的应设置限高架。
⑧施工便道经过水沟地段,应埋置钢筋混凝土涵管或设置过水路面,做到排水通畅。

(3)便桥技术要求。

①便桥结构一般按照荷载等级进行设计,满足排洪要求。汽车便桥桥面宽度不小于4.5m,若便桥长度超过1000m,应适当增加宽度。

②为防止水流冲刷,应于桥台上游采取回填钢筋片石笼等有效防护措施。

③便桥桥头应设置限高、限重、限速标志;应在便桥两侧护栏的适当位置布置一定数量的照明灯具和设置醒目的警示反光标志;水上便桥护栏每50m布置一个救生圈;通航施工区域应按照相关部门批复的要求设置防撞墩等措施。

(4)便道、便桥管理。

①施工便道路口应设置限速标志和平交路口的警示标志,便道与建筑物、城市道路等转角、视线不良地段应设置明示标志。穿越(临近)村镇、学校及人群密集的地方道路施工应设置警告标志,地质条件复杂和施工危险地段设置"危险地段、注意安全"等警告标牌。

②在便道前进方向右侧设置里程桩。便桥桥头前进方向右侧设置便桥标志牌。

③便道、便桥应安排专人养护,定时清扫,定时洒水抑尘。

4.6 临时码头和栈桥

(1)临时码头宜选择在水域开阔、岸坡稳定、地质条件较好、水流顺直、陆路交通便利的河段。

(2)临时码头宜设置在桥梁、隧道、大坝、架空高压线、水下管线、危险品库、水产养殖场等区域的下游方向。

(3)临时码头、栈桥应按照使用要求和相应的技术规范进行设计、施工和验收,并应设置安全警示标志,配备相应的安全防护设施。

(4)临时码头、栈桥的运行、维护、检修及拆除应符合相关规范要求。

(5)临时码头、栈桥的技术要求:

①通航水域搭设的临时码头、栈桥应取得海事等相关部门的批准,并应按要求设置航行警示标志。

②临时码头、栈桥应设置行车限速、限载、防船舶碰撞、防人员触电及落水等安全警示标志和救生器材,宜设置门禁系统。

③栈桥上车辆和人员行走区域的面板应满铺,并应与下部结构连接牢固。悬臂板应采取有效的加固措施。

④临时码头四周和栈桥两侧应设置高度不低于1.2m的防护栏杆。防护栏杆上任何部位应能承受1000N的外力。

⑤栈桥行车道两侧应设置护轮坎。长距离栈桥应设置会车、掉头区域,间距不宜大于500m。

⑥通过栈桥的电缆应绝缘良好,并应与水管、泵管固定在栈桥的下游侧。

⑦临时码头、栈桥应设置满足施工安全要求的照明设施。

⑧应定期对码头、栈桥进行检修。

4.7 临时用电

(1)施工现场临时用电应符合《施工现场临时用电安全技术规范》(JGJ 46)的有关规定。方案编制人员应具备电气工程师资格,必须履行"编制、审核、批准"程序。临时用电工程必须经编制、审核、批准部门和使用单位共同验收,合格后方可投入使用。安装、巡检、维修或拆除必须由电工完成,并应有人监护。

(2)电气线路应具有相应的绝缘强度和机械强度,严禁使用绝缘老化或失去绝缘性能的电气线路,严禁在电气线路上悬挂物品。破损、烧焦的插座、插头应及时更换。

(3)场内架设的电线应绝缘良好,悬挂高度、间距必须符合相关部门的安全规定。现场架设的临时线路必须用绝缘物支持,不得将电线缠绕在钢筋、树木或脚手架上。

(4)移动式电气机具设备应用橡胶电缆供电,并经常注意理顺。电缆、电线跨越道路时,应埋入地下或做穿管保护。

(5)各种电器设备应配有专用开关,室外使用的开关、插座必须外装防水箱并加锁,在操作处加设绝缘垫层。

(6)现场的变(配)电设备处,需采取防止雨雪侵入和动物进入的措施,必须备有灭火器材和高压安全用具。

(7)施工现场的室内临时照明线路应用瓷夹固定,能产生大量蒸汽、气体、粉尘等工作场所的,必须使用密闭式电气设备。

(8)大型桥梁施工现场、隧道和预制场地,必须配有自备电源,以免因电网停电造成事故和工程损失。自备电源和电网之间,要有联锁保护。

(9)配电箱、开关箱应安装牢固。固定式配电箱、开关箱的中心点与地面的垂直距离应为1.4~1.6m。移动式配电箱、开关箱的中心点与地面的垂直距离宜为0.8~1.6m。

4.8 消防管理

(1)在编制施工组织设计或方案时,应有消防安全设计。如:施工现场平面布置,暂设(临时建筑)搭建位置,用火用电和易燃易爆物品的使用管理,工地消防和消防责任制等都应按消防要求周密考虑和落实。

(2)施工单位应根据建设项目规模、现场消防安全管理的重点,在施工现场建立消防安全管理组织机构及义务消防组织,并应确定消防安全负责人和消防安全管理人,同时应落实相关人员的消防安全管理责任。

(3)施工人员进场前,施工现场的消防安全管理人员应向施工人员进行消防安全教育和培训。

(4)施工现场要明确划分用火作业区,易燃、可燃材料堆放场地及仓库的处所和生活区间距要符合防火规定。易燃易爆危险品库房与在建工程的防火间距不应小于15m,可燃材料堆场及其加工场、固定动火作业场与在建工程的防火间距不应小于10m,其他临时用房、临时设施与在建工程的防火间距不应小于6m。动火作业场所必须按规范要求设置消防通道。

(5)发电机房、变配电房、厨房操作间、锅炉房、可燃材料库房及易燃易爆危险品库房层数应为1层,建筑面积不应大于200m²;可燃材料库房单个房间的建筑面积不应超过30m²,易燃易爆危险品库房单个房间的建筑面积不应超过20m²;房间内任一点至最近疏散门的距离不应大于10m,房门的净宽度不应小于0.8m。

(6)施工现场仓库、木工棚及易燃易爆物堆放处等,必须张贴(悬挂)醒目的防火标志,配备足够数量的消防设施和消防器材。

(7)施工现场必须配备足够数量的防火、灭火设施和器材。如:防火工具(消防桶、消防梯、铁锹、安全钩等)、沙箱(池)、消防水池(缸)、消防栓和灭火器等。

(8)焊接、切割、烘烤或加热等动火作业前,应对作业现场的可燃物进行清理;作业现场及其附近无法移走的可燃物,应采用不燃材料对其覆盖或隔离并配备灭火器材。

(9)施工现场储装气体的罐瓶及其附件应合格、完好和有效;严禁使用减压器及其他附件缺损的氧气瓶,严禁使用乙炔专用减压器、回火防止器及其他附件缺损的乙炔瓶。冬季使用气瓶,如气瓶的瓶阀、减压器等发生冻结,严禁用火烘烤或用铁器敲击瓶阀,禁止猛拧减压器的调节螺丝。

4.9 库房管理

4.9.1 一般规定

(1)库房应合理选择设置地点,宜利用永久性仓库,布置地点应位于平坦、宽敞、交通方便处,距各使用地点综合距离较近,还应考虑材料运入方式及遵循安全技术和防火规定。

(2)应在醒目位置设置平面布置图、重大危险源告知牌、值班人员公示牌等明示标志。

(3)各库房门口设置分区标志牌,各种材料仓库应设置材料标志牌,易燃易爆处应设置禁止标志,使用氧气、乙炔等易燃易爆场所应设置禁止、明示标志,消防器材放置场所应设置提示标志。

(4)库房内消防设施符合防火防爆要求。

(5)库房道路应平整,具有良好的排水系统及沉淀池,现场废水不得直接排放,场地有条件应适当绿化。

(6)油库、氧气库和电石库、爆破物品库等危险仓库,应远离施工现场、居民区和既有设施,附近应有明显标志及围挡设施。易燃易爆物品的仓库应设在地势较低处,并在拟建工程的下风方向。电石库设在地势较高的干燥处。

(7)各类电气设备、线路不准超负荷使用,线路接头应牢靠,防止设备、线路过热或打火短路。发现问题应及时联系修理。

4.9.2 火工品库

(1)施工现场的爆炸物品必须储存在公安机关批准并验收合格的临建炸药仓库内。

(2)库区应与居民区、工厂、公共建筑保持安全距离,并隔离。平面布置合理,设置验收区、发货区。储药点至库区外保护对象的安全允许距离,应按保护对象的防护等级确定。炸药、雷管要分库设置,距离不小于30m。库内应设置自动报警装置。

(3)库门应为外开式,且开启灵活,关闭严密。库房应具有良好的通风和防爆照明设备和防静电措施,必须符合防爆、防雷、防潮、防火、防鼠、防盗的要求。

(4)火工品库应有专人24h值守,且值班人员不得少于两人。库存量不准超过公安机关批准的容量。库内货架应保证牢固,距墙不小于0.1m。库内堆放的物资距墙不小于0.3m,垫高不小于0.2m,放置雷管时必须铺设胶质皮垫。应坚持先进先出的原则。

(5)工作人员住房和看守房必须设在库外。看守房位置、高度,以能瞭望全库和周围情况为准。

(6)库区的消防设备、通信设备和防雷装置应定期检查检验。

4.9.3 危险品库

(1)气瓶应分类储存,库房内通风良好;空瓶和实瓶同库存放时,应分开放置,两者间距不应小于1.5m。气瓶应保持直立状态,并采取防倾倒措施,乙炔瓶严禁横躺卧放。

(2)剧毒、放射源等危险品存放必须符合防爆、防雷、防潮、防火、防鼠、防盗等要求。

(3)润滑油料应专门设库房存放。

4.9.4 油库、油罐

(1)油库应远离明火作业区、人员密集区、建筑物集中区,与在建工程的防火间距不小于15m。

(2)油库应严格制定安全管理制度、用火管理制度、外来人员登记制度。

(3)油库应划分消防区域,制订明确的报警信号,制订消防预案,设置消防工具和器材,并定期检查维护。

(4)油罐应按设计规定装油,不能混装。夏季露天装轻质油料的油罐应有遮阳棚,配备消防设施,周围应采用围墙或通透式围栏进行隔离,设置警示标志,专人管理。

(5)油罐应设置防静电、防雷接地装置,顶部应设置遮阳棚。

(6)露天存放的桶装油料,应隐蔽、遮盖,桶身应倾斜,单口朝上,双口在同一水平线上,防止雨水侵入,垛位四周应设排水沟。

(7)存油区内禁止存放危险品、爆炸品和其他易燃物资。

(8)存油区应保持清洁整齐,做到设备无锈蚀,地面无油迹。

4.10 标志标识牌

4.10.1 标志标识牌的设置与制作(详见附录6)

(1)标志标识牌说明。
(2)现场安全标志标识检索表。
(3)禁止、警告、指令、指示和明示标志牌制作示意图。

(4)单元预警有关标牌制作示意图。

4.10.2 标志标识牌管理

(1)标志标识牌应采用坚固耐用的材料制作。有触电危险的场所应使用绝缘材料。

(2)标志标识牌应按照施工现场不同情况和特点分别设置,并根据工程特点和不同的施工阶段,现场安全标志要及时准确的增补、删减和变动,实施动态管理。

(3)标志标识牌的设置应安装牢固、位置合理。

(4)主要机具、设备及施工工序操作规程牌应设置在操作室及相关的操作区域。

(5)标志标识牌应有专人维护,经常保持清洁、完整,严禁随意拆除、挪动或损坏。

(6)标识牌的设置原则(表4-3)。

标识牌设置原则　　　　　　　　　　　　　　　表4-3

序号	场所/专项工程	设置部位	标志名称
1	项目部驻地	醒目位置	入场告知(提示)牌 工程概况牌 安全管理规定牌 安全生产警示牌 项目部施工危险源发布牌 管理人员名单及监督电话牌 驻地平面布置图
2	工区驻地	醒目位置	入场告知(提示)牌 工程概况牌 安全管理规定牌 安全生产警示牌 项目部施工危险源发布牌 管理人员名单及监督电话牌 驻地平面布置图
3	拌和站	工地出入口的醒目位置	入场告知(提示)牌 场站简介牌 安全管理规定牌 安全生产单元预警牌 管理人员名单及监督电话牌 场站平面示意图
4	钢筋加工场	工地出入口的醒目位置	入场告知(提示)牌 场站简介牌 安全管理规定牌 安全生产单元预警牌 管理人员名单及监督电话牌 场站平面示意图

续上表

序号	场所/专项工程	设置部位	标 志 名 称
5	预制场	工地出入口的醒目位置	入场告知(提示)牌 场站简介牌 安全管理规定牌 安全生产单元预警牌 管理人员名单及监督电话牌 场站平面示意图
6	大型桥梁	桥头的醒目位置	入场告知(提示)牌 工程概况牌 安全管理规定牌 安全生产单元预警牌 重大危险源告知牌 管理人员名单及监督电话牌 施工现场布置图
7	互通立交	互通区的醒目位置	入场告知(提示)牌 工程概况牌 安全管理规定牌 安全生产单元预警牌 重大危险源告知牌 管理人员名单及监督电话牌 施工现场布置图
8	隧道洞口	洞口的醒目位置	入场告知(提示)牌 工程概况牌 安全管理规定牌 安全生产单元预警牌 重大危险源告知牌 管理人员名单及监督电话牌 进洞人员名单 隧道施工状态牌 施工现场布置图
9	港口施工区	进场的醒目位置	入场告知(提示)牌 工程概况牌 安全管理规定牌 安全生产单元预警牌 重大危险源告知牌 管理人员名单及监督电话牌 施工现场布置图
10	船闸施工区	进场的醒目位置	入场告知(提示)牌 工程概况牌 安全管理规定牌 安全生产单元预警牌 重大危险源告知牌 管理人员名单及监督电话牌 施工现场布置图

注:本表可与《安徽省公路水运重点工程项目建设质量管理指南》(第三版)统筹考虑。

5 三阶段安全风险分析与预防

"风险"通常是指生命与财产损伤或损失的可能性。在安全生产管理中,风险总是与生产事故联系在一起,只要有生产活动就有发生事故的可能。事前的隐患排查和采取干预措施,将会有效减少事故的发生概率和损失程度。本章介绍以现场风险分析为主要形式,以预防为主要内容,结合工程进展情况,按照防范措施时效的不同,将事故预防分为预案、预控、预警三个阶段。提出建设工程现场单元预警的方法。

5.1 预案阶段

5.1.1 预案分类

预案分为总体预案和专项预案两类。

总体预案包括项目总体预案和标段总体预案。项目总体预案由项目业主根据项目特点,在对项目进行安全风险评估的基础上制订的;标段总体预案由施工单位根据标段工程特点和施工组织设计,在对施工工序进行安全风险评估的基础上制订的。

专项预案包括专项施工方案和应急预案,由施工单位组织编写。

5.1.2 预案编写及审批

项目总体预案由建设单位项目技术负责人编写,报其上级主管单位审批,通过后实施;标段总体预案由施工单位项目技术负责人编写,单位技术负责人审查签字,由驻地监理工程师审核通过,报总监理工程师审批,超过一定规模的,应组织专家论证,通过后实施。

5.1.3 总体预案

(1)项目总体预案的主要内容
①编制依据;
②指导思想、实施原则和工作目标;
③工程总体概况、危险性较大的工程项目;
④危险性较大工程项目的危险源分析以及主要预防措施;
⑤实施预案的组织机构与职责;
⑥各项预案的启动、实施和演练。
(2)标段总体预案的主要内容
①编制依据;
②指导思想、实施原则和工作目标;

③标段工程概况、危险性较大工序;
④危险性较大工序的危险源分析以及相关预防措施;
⑤实施预案的组织机构与职责;
⑥各项预案的启动、实施和演练。

5.1.4 专项施工方案

专项施工方案是指对危险性较大工程制订的有针对性的施工方案。该方案由施工单位编制,超过一定规模的,应组织专家论证。其主要内容如下:
(1)工程概况:工程基本情况、施工平面布置、施工要求和技术保证条件。
(2)编制依据:相关法律、法规、规范性文件、标准、规范及图纸(国标图集)、施工组织设计等。
(3)施工计划:包括施工进度计划、材料与设备计划。
(4)施工工艺技术:技术参数、工艺流程、施工方法、检查验收等。
(5)施工安全保证措施:组织保障、技术措施、应急预案、监测监控等。
(6)劳动力计划:专职安全生产管理人员、特种作业人员等。
(7)计算书及相关图纸。

5.1.5 应急预案

1) 应急预案分类

应急预案分为综合应急预案、专项应急预案和现场应急处置方案三类。
(1)综合应急预案是应急预案体系的总纲,主要从总体上阐述事故的应急工作原则,包括生产经营单位的应急组织机构及职责、应急预案体系、事故风险描述、预警及信息报告、应急响应、保障措施、应急预案管理等内容。
(2)专项应急预案是为应对某一类型或某几种类型事故,或者针对重要生产设施、重大危险源、重大活动等内容而定制的应急预案。专项应急预案主要包括事故风险分析、应急指挥机构及职责、处置程序和措施等内容。
(3)现场处置方案是根据不同事故类型,针对具体的场所、装置或设施所制订的应急处置措施,主要包括事故风险分析、应急工作职责、应急处置和注意事项等内容。应根据风险评估、岗位操作规程以及危险性控制措施,组织本单位现场作业人员及安全管理等专业人员共同编制现场处置方案。

2) 综合应急预案主要内容

(1)总则:包括编制目的、编制依据、适用范围、应急预案体系、应急工作原则。
(2)事故风险描述:简述生产经营单位存在或可能发生的事故风险种类、发生的可能性以及严重程度及影响范围等。
(3)应急组织机构及职责:明确生产经营单位的应急组织形式及组成单位或人员,可用结构图的形式表示,明确构成部门的职责。应急组织机构根据事故类型和应急工作需要,可设置相应的应急工作小组,并明确各小组的工作任务及职责。
(4)预警及信息报告:包括预警、信息报告。

（5）应急响应：包括响应分级、响应程序、处置措施、应急结束。

（6）信息公开：明确向有关新闻媒体、社会公众通报事故信息的部门、负责人和程序以及通报原则。

（7）后期处置：主要明确污染物处理、生产秩序恢复、医疗救治、人员安置、善后赔偿、应急救援评估等内容。

（8）保障措施：包括通信与信息保障、应急队伍保障、物资装备保障、其他保障。

（9）应急预案管理：包括应急预案培训、应急预案演练、应急预案修订、应急预案备案、应急预案实施。

3）专项应急预案主要内容

（1）事故风险分析：针对可能发生的事故风险，分析事故发生的可能性以及严重程度、影响范围等。

（2）应急指挥机构及职责：根据事故类型，明确应急指挥机构总指挥、副总指挥以及各成员单位或人员的具体职责。应急指挥机构可以设置相应的应急救援工作小组，明确各小组的工作任务及主要负责人职责。

（3）处置程序：明确事故及事故险情信息报告程序和内容、报告方式和责任等内容。根据事故响应级别，具体描述事故接警报告和记录、应急指挥机构启动、应急指挥、资源调配、应急救援、扩大应急等应急响应程序。

（4）处置措施：针对可能发生的事故风险、事故危害程度和影响范围，制订相应的应急处置措施，明确处置原则和具体要求。

4）现场处置方案主要内容

（1）事故风险分析主要内容：

①事故类型；

②事故发生的区域、地点或装置的名称；

③事故发生的可能时间、事故的危害严重程度及其影响范围；

④事故前可能出现的征兆；

⑤事故可能引发的次生、衍生事故。

（2）应急工作职责：根据现场工作岗位、组织形式及人员构成，明确各岗位人员的应急工作分工和职责。

（3）应急处置主要内容：

①事故应急处置程序。根据可能发生的事故及现场情况，明确事故报警、各项应急措施启动、应急救护人员的引导、事故扩大及有关单位应急预案的衔接程序。

②现场应急处置措施。针对可能发生的火灾、爆炸、危险化学品泄露、坍塌、水患、机动车辆伤害等，从人员救护、工艺操作、事故控制、消防、现场恢复等方面制订明确的应急处置措施。

③明确报警负责人以及报警电话及上级管理部门、相关应急救援单位联络方式和联系人员，事故报告基本要求和内容。

（4）注意事项内容包括：

①佩戴个人防护器具方面；

②使用抢险救援器材方面；
③采取救援对策或措施方面；
④现场自救和互救；
⑤现场应急处置能力确认和人员安全防护；
⑥应急救援结束后的注意事项；
⑦其他需要特别警示的事项等。

5.1.6 应急预案演练

（1）预案演练可采取桌面演练、书面演练和现场演练等形式。每年各项目部要进行至少两次针对重点内容的应急预案演练。

（2）演练前应制订演练方案并向参演人员进行技术交底。

（3）要真实记录演练情况，总结评估演练效果。演练后，针对预案存在的问题，及时修改完善，并再次进行交底。

5.2 预控阶段

（1）预控阶段是在施工过程中，对重大危险源进行分析的基础上，对预案的再细化和对防范措施的再完善，也是预警工作的依据。

（2）施工单位每月25日前对下个月施工过程中可能存在的重大危险源进行辨识，并制订防控措施，以《施工安全重大危险源辨识与防控措施月报表》（详见附录4皖交安表-33）的形式，报监理单位审核，然后由建设单位组织召开重大危险源辨识与防控会审查后实施。

（3）重大危险源辨识与防控会议由建设单位主持，施工、监理单位安全责任人和安全管理负责人参加会议，每月底前召开一次，必要时邀请安全专家参加。

（4）施工单位要对各标段上月预控目标的落实情况进行梳理，并对下月重大危险源辨识与防控措施进一步分析、补充和完善。

（5）重大危险源辨识与防控应重点关注：
①当月遗留的问题是否解决；
②下月工作内容是否符合工程实际；
③危险源辨识是否全面；
④防控措施是否合理可行；
⑤有无危险性较大工程（工序）实施；
⑥有无气象灾害、地质灾害等发生可能；
⑦有无新工人、新设备进场；
⑧对下月安全管理工作的要求；
⑨监理单位对危险源防控落实情况评价和建议。

（6）施工、监理单位要将重大危险源辨识与防控会议的审查意见，及时布置给专职安全员、安全监理工程师。

5.3 预警阶段

(1)施工单位必须每天以"班前会"和"单元预警法"等形式,将当日的危险源及其防范措施向一线作业人员交底和告知。

(2)"单元预警法"就是施工单位将所属工程根据作业内容、作业地点的不同,将管理对象划分为若干单元。通过对单元范围内的施工工艺、施工环境和天气状况等危险因素的综合分析,向作业人员提出相应的安全风险超前警示。

(3)预警单元的划分应按照操作简单、方便可行,生产工序和作业空间相对独立,施工范围相对固定和具有明显的区域界限的原则来划分。

施工单位专职安全员根据划分单元的工序内容、作业环境及当日天气情况进行综合分析,认真做好当日危险源的辨识工作,并归纳分级,根据危险程度、影响范围、可能造成的人员伤亡和财产损失的程度,将预警级别大体划分为"一般(蓝色)""较重(黄色)""严重(橙色)""特别严重(红色)"4个等级。

(4)预警发布形式为班前会口头告知和单元预警牌信息发布。单元预警采用定点预警和流动预警相结合、色彩预警和文字预警相结合的方式进行。

5.4 单元预警法

(1)应用单元预警法进行安全生产管理的前提是安全生产责任体系健全、管理制度完善、机具设备基本完好、一线管理和施工人员达到应有的基本素质。

(2)应用单元预警法实施流程:a.确定管理对象和范围,划分单元;b.检查应用单元预警法进行安全生产管理的前提条件是否符合;c.熟悉单元范围内工作目标与计划、施工工艺和工序、机具设备运转状态以及其他技术要求;d.了解下一个工作日的工作内容、天气状况,确定安全风险预警等级,并以一定形式传达给现场作业人员;e.检查当日的安全生产情况,并做好记录和分析(图5-1)。

①划分单元。划分单元的目的是为了更好地进行危险有害因素分析,划分单元的方法很多,如按生产工艺相对空间位置划分、按生产工艺功能划分、按危险因素类别划分、按作业场所划分、按工种划分和按作业性质划分等。但无论采用什么样的划分方法,都应坚持生产过程相对独立、空间上相对独立、工作范围相对固定和具有明显的界限的原则,既不能过大,也不能过小。

②检查应用条件。应用单元预警法,必须满足以下4个基本条件:a.单元界面是否清晰;b.作业人员是否进

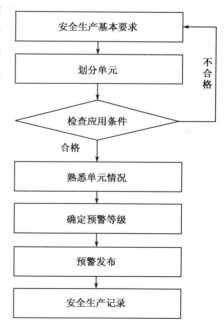

图 5-1 单元预警法实施流程

行过安全教育和培训；c. 现场能否正常作业；d. 现场有无必要的安全生产保证措施。

③熟悉单元情况。根据建设工程的特点，可以从5个途径进行了解：a. 工程目标；b. 工程主要内容；c. 工程实施的主要工序和时间；d. 工程实施中主要危险源；e. 工程所处的环境（包括地形、气候）。

④确定预警等级。根据危险程度、影响范围、可能造成的人员伤亡和财产损失，大体上划分为"一般""较重""严重""特别严重"4个等级。相应的预警颜色为蓝、黄、橙、红。

⑤预警发布。预警发布形式主要有班前会口头告知单元预警牌信息发布。通常是在作业人员上班入口处，设置预警牌。施工班组每班以"班前会"等形式，将当班危险源及其防范措施向一线作业人员交底和告知。

⑥安全生产检查记录。安全员检查当日的安全生产情况，并做好记录和分析。安全监理工程师每天检查预警单元的预警信息发布是否及时准确，防控措施是否落实到位。

(3) 预警等级确定原则。

①预警等级。

预警等级的确定同5.4第(2)条之④。

②考虑因素。

a. 根据施工工艺：

(a) 超过2m的高处作业或超过5m的深基坑作业；

(b) 多台机械设备的同时作业；

(c) 爆破作业；

(d) 大型支架、模板、门架、特种设备安装与拆除；

(e) 起吊、打桩、钻井、搅拌、摊铺等机械作业；

(f) 水上、潜水等作业；

(g) 梁板现场浇筑与架设；

(h) 临时用电。

b. 根据施工环境：

(a) 易燃、易爆物品；

(b) 边通车（通航）边施工；

(c) 粉尘、噪声、通风不良等；

(d) 易发生泥石流地域；

(e) 涉路、涉水等交叉施工。

c. 根据施工气候：

(a) 雨天、雾天、大风和夜晚等；

(b) 高温、严寒；

(c) 汛期。

③预警等级的含义。

a. "一般"（蓝色）：在考虑因素的三个方面中，一个单元内有一项发生。如：某高速公路路面摊铺现场，天气良好、施工环境达标，但由于有摊铺机、压路机和运料车等多台机械设备同时作业，因此该单元预警可以定为具有"一般"的危险性。

b."较重"(黄色):在考虑因素的三个方面中,一个单元内有两项同时发生,可以定为具有"较重"的危险性。如:在石方爆破区,施工车辆来往作业点,单元预警可定为"较重"危险性。

c."严重"(橙色)、"特别严重"(红色):在考虑因素的三个方面中,一个单元内有三项(含三项)以上同时存在,可以定为具有"严重"的或"特别严重"的危险性。

(4)单元预警工作管理。

①不同的预警等级,需要不同级别的管理人员现场巡视或督查。

a."一般(蓝色)"由现场兼职安全员巡视或旁站;

b."较重(黄色)"由现场兼职安全员旁站,专职安全员重点巡视;

c."严重(橙色)"由项目负责人及现场专职安全员旁站,安全监理工程师重点巡视;

d."特别严重(红色)"应停止施工,如确需施工的,必须由安全监理工程师、项目负责人及现场专职安全员旁站,建设单位和监理单位分管安全的负责人,施工单位项目经理、总工重点巡视或现场带班。

②安全监理工程师每天检查施工单位预警单元的预警信息发布是否及时准确,防控措施是否落实到位。

③建设单位定期对安全员工作情况进行检查,按"好""一般""差"对安全员预警工作进行评价,若三分之一以上表现为预警不及时,危险源辨识和防控措施不准确时,则单元预警效果评价为"差"。对于预警工作"差"标段,必须调整安全员,进行停工整顿。

5.5 "三阶段安全风险分析与预防"实施要求

(1)各单位要围绕工程安全管理目标,分工负责、落实责任、超前布控,认真抓好施工前的预案编制、审查,施工中的危险源辨控,作业前的预警告知。

(2)预案编写要突出针对性、可操作性。监理单位对其程序性、符合性、针对性进行审查,必要时督促施工单位组织专家进行论证。预案的制订要在项目或工序准备阶段完成。

(3)预控阶段的工作重点是隐患排查与治理。各单位要按照职责分工进行,施工单位是责任主体,监理单位要跟踪督查。

(4)施工单位应认真开展"三级教育",因地制宜办好"一线工人业余学校",项目班组要不拘形式地开好班前会,做好安全技术交底。

(5)切实做好安全警示和预警发布。

①在项目部驻地醒目位置设置"安全生产警示牌"及"项目部施工危险源发布牌"。

②施工场地固定,工序相对集中的施工点应竖立固定式"安全生产单元预警牌"或电子预警牌。其中,预制场、钢筋加工场竖立的"单元预警牌"应至工程施工结束。如因施工场地狭小,工程量不大等实际情况,也可以采用"重大危险源告知牌"(详见附录6)的形式发布。

③施工场地不固定,危险性较大的作业场所,如路面施工点应设置移动式"安全生产单元预警牌"。

6 安全风险评估

安全风险评估是工程项目事前控制安全管理的一种模式。风险评估通过定性或定量的风险估测,有效地查找、分析和预测工程系统中存在的危险有害因素及可能引发的事故严重程度,采取措施加以防控,近年来,安全风险评估已被各行业广泛运用。本章主要介绍了风险评估的一般规定、评估步骤、评估方法、评估报告、桥梁和隧道工程施工安全风险评估、路堑高边坡工程施工安全风险评估和桥梁工程施工组织设计安全风险评估,以指导项目参建单位开展风险评估工作。

6.1 一般规定

(1)安全风险评估主要是指针对工程施工过程中各项作业活动、作业环境、施工设备(机具)、危险物品、施工方案中的潜在风险而开展的危险源辨识、分析、估测、预控等系列工作。

(2)安全风险评估分为总体风险评估和专项风险评估。安全风险评估工作原则上由项目施工单位具体负责;当被评估项目含多个合同段时,总体风险评估应由建设单位牵头组织,专项风险评估工作仍由施工单位具体实施。当施工单位的施工经验或能力不足时,可委托专业安全评估机构承担相关风险评估工作。

(3)施工单位应根据风险评估结论,完善施工组织设计和危险性较大分部分项工程专项施工方案,制订相应的专项应急预案,对项目施工过程中实施预警预控。

(4)安全风险评估应遵循动态管理的原则,当工程设计方案、施工方案、工程地质、水文地质、施工队伍等发生重大变化时,应重新进行风险评估。

(5)风险评估报告经监理单位审批后应向建设单位报备。对于Ⅳ级(极高风险)施工作业,建设单位须组织专家或安全评估机构进行论证或复评估,提出降低风险的措施建议;当风险等级无法降低时,应及时调整设计、施工方案,并向公路水运工程安全生产监督管理部门备案。

(6)工程开工后,监理单位应督查施工单位安全风险控制措施的落实情况,并予以记录。对施工中存在的重大事故隐患应及时指出并督促整改,对施工单位拒不整改的,应及时向建设单位报告。

(7)安全风险评估工作费用应在项目安全生产费用中列支。

6.2 评估步骤

安全风险评估工作包括制订评估计划、选择评估方法、开展风险分析、进行风险估测、确定风险等级、提出措施建议、编制评估报告等方面。评估步骤一般为:

6 安全风险评估

（1）开展总体风险评估。用定性与定量相结合的方法初步分析项目孕险环境和致险因子，估测施工中发生重大事故的可能性，确定项目总体风险等级。

（2）确定专项风险评估范围。总体风险评估等级达到Ⅲ级（高度风险）及以上工程项目，应进行专项风险评估。

（3）开展专项风险评估。通过对施工作业活动中或施工组织设计中的危险源普查，在分析物的不安全状态、人的不安全行为、工艺的不完善、制度的不健全基础上，确定重大危险源和一般危险源。对重大危险源发生事故的概率及损失进行分析，评估其发生重大事故的可能性与严重程度，对照相关风险等级标准，确定专项风险等级。

（4）提出风险控制措施。对专项风险等级在Ⅲ级（高度风险）及以上项目，应明确重大危险源的监测、控制、预警措施以及应急预案。

6.3 评估方法

评估方法应根据被评估项目的工程特点，选择相应的定性或定量的风险评估方法。各种评估方法都有各自的特点和适用范围，在应用时应根据评估对象的特点、具体条件和需要以及评估目标进行分析和比较，慎用选择。必要时，根据实际情况可同时选用几种评估方法对同一对象进行评估，互相补充、分析、综合，相互验证，以提高评估结果的准确性。评估方法很多，几种常用的安全评估方法见表6-1。

常用安全风险评估方法比较表　　表6-1

评估方法	评估目标	类别	方法特点	适用范围	应用条件	优缺点
安全检查表法	危险有害因素、安全等级	定性定量	按事先编制的有关标准要求的检查表逐项检查，按规定赋分标准赋分，评定安全等级	各类系统的设计、验收、运行、管理、事故调查	有事先编制的各类检查表，有赋分、评价标准	简便、易于掌握，编制检查表难度大及工作量大
预先危险性分析法（PHA）	危险有害因素、安全等级	定性	讨论分析系统存在的危险有害因素、触发条件、事故类型，评定危险性等级	各类系统设计、施工、生产、维修前的概略分析和评估	分析评估人员熟悉系统，有丰富的知识和实践经验	简单、易行，受分析评估人员主观因素影响
事故树分析法（ETA）	事故原因、触发条件、事故概率	定性定量	归纳法，由初始事故判断系统事故原因，由条件内各事件概率计算系统事故概率	各类局部工艺过程、生产设备、装置事故分析	熟悉系统、元素间的因果关系，有各事件发生概率数据	简便、易行，受分析评估人员主观因素影响
故障树分析法（FTA）	事故原因、事故概率	定性定量	演绎法，由事故和基本事件逻辑推断事故原因，由基本事件概率计算事故概率	工艺、设备等复杂系统事故分析	熟练掌握方法与事故、基本事件间的联系，有基本事件概率数据	复杂，工作量大，精确。故障树编制有误，易失真

续上表

评估方法	评估目标	类别	方法特点	适用范围	应用条件	优缺点
作业条件危险性评估法（LEC）	危险性等级	定性半定量	按规定对系统事故发生的可能性、人员暴露状况、危险程度赋分，计算后评定危险性等级	各类生产作业条件	赋分人员熟悉系统，对安全生产有丰富的知识和实践经验	简便、实用，受分析评估人员主观因素影响
风险评价矩阵法	危险性等级	定性定量	综合考虑了风险影响和风险概率两方面因素，可对风险因素对项目的影响进行最直接的评估	桥梁、隧道等施工领域	熟悉方法，对安全生产有丰富的知识和实践经验，有一定工程经验和数据资料作依据	可识别哪一种风险是对项目影响最为关键的风险，更适合现场作业，受主观性因素影响

6.4 评估报告

风险评估工作应形成评估报告。评估报告应反映风险评估过程的主要工作。报告内容应包括：评估依据、工程概况、评估方法、评估步骤、评估内容、评估结论及对策建议等。

评估结论应明确风险等级，可能发生事故的关键部位、区域或节点，事故发生概率，规避或者降低风险的建议措施等内容。

（1）总体风险评估报告或专项风险评估报告编制完成后，应组织专家评审。

（2）总体风险评估报告由建设单位（或工程总承包单位、代建单位）组织专家审查，专项风险评估报告由施工单位组织专家审查。评审专家组不得少于5人，专家应由建设、设计、勘察、监理、施工等单位具有相关勘察、设计、监理、施工管理经验的人员组成。评估小组根据专家评审意见对评估报告进行修改，形成最终报告。

（3）专项风险评估报告评审通过后应向项目建设单位报备。当专项风险评估等级达到Ⅳ级（极高风险）时，建设单位应组织专家论证。

（4）施工过程风险评估报告以报表形式反映。当风险等级达到Ⅳ级（极高风险）时，应向建设单位报告，并由建设单位组织专家论证。

6.5 桥梁和隧道工程施工安全风险评估

6.5.1 评估范围

（1）多跨或跨径大于40m的石拱桥，跨径大于或等于150m的钢筋混凝土拱桥，跨径大于或等于350m的钢箱拱桥，钢桁架、钢管混凝土拱桥。

（2）跨径大于或等于140m的梁式桥，跨径大于400m的斜拉桥，跨径大于1 000m的悬索桥。

(3)墩高或净空大于100m的桥梁工程。
(4)采用新材料、新结构、新工艺、新技术的特大桥、大桥工程。
(5)特殊桥型或特殊结构桥梁的拆除或加固工程。
(6)穿越高地应力区、岩溶发育区、区域地质构造、煤系地层、采空区等工程地质或水文地质条件复杂的隧道，水下隧道工程。
(7)浅埋、偏压、大跨度、变化断面等结构受力复杂的隧道工程。
(8)长度超过3 000m的隧道工程，Ⅴ、Ⅵ级围岩连续长度超过50m或合计长度占隧道全长的30%及以上的隧道工程。
(9)连拱隧道和小净距隧道工程。
(10)采用新技术、新材料、新设备、新工艺的隧道工程。
(11)隧道改扩建工程；施工环境复杂、施工工艺复杂的其他桥梁、隧道工程。

6.5.2 实施要求与注意事项

施工单位进场后即开展风险评估工作，根据风险评估结论，完善施工组织设计和危险性较大工程专项施工方案，制订相应的专项应急预案，对项目施工过程实施预警预控。专项风险等级在Ⅲ级（高度风险）及以上的施工作业活动（施工区段）的风险控制，还应符合下列规定：

(1)重大危险源的监控与防治措施、应急预案经施工企业技术负责人和项目总监理工程师审批后，由建设单位组织论证或复评估。
(2)施工单位应建立重大危险源的监测及验收、日常巡查、定期报告等工作制度，并组织实施。
(3)施工项目经理或技术负责人在工程施工前应对施工人员进行安全技术教育与交底；施工现场应设立相应的危险告知牌。
(4)适时组织对典型重大危险源的应急演练。
(5)当专项风险等级为Ⅳ级（极高风险）且无法降低时，必须提高现场防护标准，落实应急处置措施，视情况开展第三方施工监测；未采取有效措施的，不得施工。
(6)监理单位在审查工程施工组织设计文件、危险性较大工程专项施工方案、应急预案时，应同时审查施工安全风险评估报告，无风险评估报告，不得签发开工令。
(7)交通运输主管部门在履行施工安全监督检查职责时，应将施工安全风险评估实施情况纳入检查范围，对极高风险（Ⅳ级）的施工作业应切实加强重点督查。
(8)公路桥梁和隧道工程施工安全风险评估应遵循动态管理的原则，当工程设计方案、施工方案、工程地质、水文地质、施工队伍等发生重大变化时，应重新进行风险评估。

6.6 路堑高边坡工程施工安全风险评估

6.6.1 评估范围

(1)高于20m的土质边坡、高于30m的岩质边坡。

(2)老滑坡体、岩堆体、老错落体等不良地质体地段开挖形成的不足20m的边坡。
(3)膨胀土、高液限土、冻土、黄土等特殊岩土地段开挖形成的不足20m的边坡。
(4)城乡居民居住区、民用军用地下管线分布区、高压铁塔附近等施工场地周边环境复杂地段开挖形成的不足20m的边坡。
(5)深基坑工程施工安全风险评估可参考进行评估。

6.6.2　实施要求与注意事项

(1)进行项目总体风险评估;对重大风险源应按规定报备。
(2)施工单位应根据风险评估结论,完善路堑高边坡工程施工组织设计和专项施工方案,分类制订相应的专项应急预案,对项目施工过程实施预警预控。对重大危险源应严格实施日常检查、监测预警、定期报告、销号等制度。对暂时无有效措施的Ⅳ级风险,应立即停工。
(3)交通运输主管部门在履行施工安全监督检查职责时,应将路堑高边坡工程施工安全风险评估实施情况纳入检查范围。对未按规定开展风险评估的项目,责令限期整改。对Ⅳ级风险的施工作业应切实加强重点督查。

6.7　桥梁工程施工组织设计安全风险评估

6.7.1　评估范围

适用于中桥及以上新建桥梁工程的施工组织设计安全风险评估,改扩建桥梁工程可参照执行;依据安徽省地方标准《公路桥梁工程施工组织设计安全风险评估指南》(DB 34/T 2288),主要用于监理单位对施工单位所编制的施工组织设计进行安全风险评估,以及施工单位对施工组织设计进行的安全风险自评估。

6.7.2　实施要求与注意事项

(1)评估内容主要是施工组织设计中人员、设备、环境、制度、工艺五个要素可能产生的风险。
(2)监理单位组织专家对施工组织设计进行评审,确定施工组织设计是否通过安全风险评估;若未通过,监理单位不得批准施工组织设计,应要求施工单位分析原因,进行整改提高,并重新编制施工组织设计。
(3)监理单位组织专家对施工组织设计进行评审时,专家人数应在5人及以上,专家应具备工程师及以上技术职称。
(4)监理单位审查施工组织设计文件,应同时审查施工组织设计安全风险评估报告,无风险评估报告不得签发开工令。
(5)风险评估报告经监理单位审批后应向建设单位报备。
(6)施工组织设计安全风险评估应遵循动态管理的原则,当工程施工人员、环境、工艺等发生重大变化时,应重新进行风险评估。

7 安全生产检查

安全检查是推动开展劳动保护工作的有效措施,是针对安全生产管理效果开展的查看活动。包括建设、监理、施工等企业本身对生产安全工作进行的内部自查,也包括由行业主管部门、安全生产监督部门等单独或联合组织的外部检查。本章主要介绍了公路水运工程安全生产检查形式、检查类型、检查程序、检查重点、结果处理、评价和改进等内容,以指导项目参建单位开展安全检查活动。

7.1 一般规定

(1)项目建设、监理、施工单位均应制定相应的安全检查制度。
(2)各类安全检查应依据有关法律法规、标准规范、政府及行业主管部门要求进行。
(3)工程参建单位应建立健全安全事故隐患排查治理长效机制,定期开展安全事故隐患排查治理活动,重点推动安全生产责任制落实,全面排查整治安全事故隐患和事故易发环节,认真解决存在的突出问题,有效防范和遏制生产安全事故的发生。

7.2 检查内容

(1)查物的状态是否安全
检查生产设备、工具、安全设施、个人防护用品、生产作业场所以及生产物料的存储是否符合要求。
(2)查人的行为是否安全
检查有无违章指挥、违规作业和违反劳动纪律的行为,重点检查险工险段、危险性较大的作业岗位是否严格按操作规程作业,危险作业是否执行审批程序。
(3)查安全管理的漏洞
检查安全生产管理制度是否建立健全,安全生产责任制是否落实,安全生产总目标和工作计划是否落实到各部门、各岗位,安全教育是否经常开展,安全生产检查是否制度化、规范化,检查发现的事故隐患是否及时整改、销号,实施安全技术与措施计划的经费是否落实,是否按"四不放过"原则做好事故处置工作。

7.3 检查类型

安全检查的类型包括:开/复工前安全检查、日常安全检查、定期安全检查、专业性安全检查、季节性安全检查、节假日前安全检查、专项安全检查、"飞行"安全检查和远程检查。

(1)开/复工前安全检查。新项目开工前,应由建设单位认真组织监理、施工单位开展项目安全生产条件核查,提出核查意见,并由建设单位向项目质监机构报备;在建项目停工后、复工前,建设单位应组织监理、施工单位对施工现场进行全面排查,重点检查是否具备安全生产条件,符合要求的方可复工。

(2)日常安全检查。日常安全检查是项目参建各方组织的一种自检,主要包括建设、监理、施工单位在施工现场进行的巡查;各级管理人员在现场检查生产、进度、质量、技术的同时进行的安全巡查;专职安全员、班组长和兼职安全员进行的班前、班中与班后的安全检查。

(3)定期安全检查。定期安全检查是生产单位或上级有关单位根据生产作业进程以及生产环境变化,开展具有一定规律性的安全检查。一般是参建单位主要负责人牵头组织,建设单位每季度组织不少于一次的安全检查,监理单位每两个月组织不少于一次的安全检查,施工单位每月组织不少于一次的全面检查。

(4)专业性安全检查。专业性安全检查是生产单位或上级有关单位针对某项专业或某种隐患治理而开展的安全检查。一般是建设、监理或施工单位牵头组织,根据某一时期安全生产普遍存在的薄弱环节、上级主管部门的要求,每年组织1~2次专业性安全检查;如对"临时用电""危化品""特种设备"等安全专业检查。

(5)季节性安全检查。季节性安全检查是为了防止或避免气候变化对安全生产带来的不利影响而开展的专门检查。一般情况下,冬季主要检查防火、防寒、防冻、防中毒、防滑;夏季、雨季主要检查防汛、防暑、防台风、防触电、防坍塌、防雷击等。

(6)节假日前安全检查。节假日前安全检查是生产单位在节假日放假前,对一些容易受环境影响而导致安全性发生变化的机电设备、临时设施等进行的安全检查。如脚手架(支架)、物料提升机、塔式起重机和现场用电线路与设备等。

(7)专项安全检查。专项安全检查一般情况是同行业或其他单位发生重大伤亡事故、设备事故、交通事故、火灾事故,为了吸取事故教训,采取预防措施,结合项目实际,组织突击性的安全检查,如"落实施工方案专项行动""防坍塌、防坠落、反三违""桥隧施工安全隐患整治"等。

(8)"飞行"安全检查。"飞行"安全检查即不定期安全检查或突击安全检查。一般是上级有关单位或部门,不发通知、不打招呼、不听汇报、不用陪同接待、直奔基层、直插现场进行安全检查的一种形式。

(9)远程安全检查。远程安全检查是指检查人员利用信息化手段,通过视频和语音问询相结合,查看有关施工现场,向项目有关人员问询安全生产情况,并提出有关管理要求。

7.4 检查程序

(1)安全检查程序一般分为:"准备—实施—整改—销号"4个环节。

(2)检查准备。主要内容包括确定检查对象、目的、任务,熟悉和掌握有关法规、标准、规程的要求,了解检查对象的工艺流程等生产情况及可能出现危险、危害的情况,制订检查方案或检查计划,安排检查内容、方法、步骤,准备必要的仪器、工具、表格,挑选合适的检查人员并进行必要的分工等。

7 安全生产检查

(3)检查实施。实际工作中安全检查类型多、侧重点不同,因此实施安全检查要针对不同的类型采取不同的实施方法。一般通过访谈、查阅文件和记录、现场检查、仪器测量的方式检查项目安全生产情况。进行现场检查主要是到施工现场发现设备不安全状态、人的"三违"行为等不安全因素以及其他事故隐患等。

对于检查中发现的违章指挥、违章作业、违反劳动纪律行为,应立即制止,并责令其予以纠正;对于检查中发现存在的具体问题,做出采取措施的决定(如下发安全检查通报、下达隐患整改通知书),明确整改责任主体、要求、期限以及下一步改进措施。

(4)问题整改。受检单位对安全隐患整改通知书或安全检查通报出现的问题,应做到"三定",即定人员、定时间、定措施,并以正式书面形式上报回复。

(5)复查销号。隐患整改后,项目参建单位应按期复查,复查合格后方可销号,复查情况应形成文字或影像记录。同时针对整改的问题和隐患举一反三,提出下一步改进措施,以实现安全检查工作的闭环管理。安全检查流程图见图7-1。

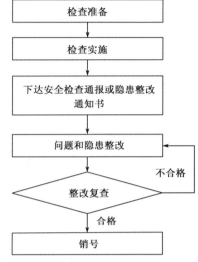

图7-1 安全检查流程图

7.5 检查重点

7.5.1 施工准备阶段安全检查重点

(1)检查安全生产责任制和安全管理制度的制定是否符合要求。
(2)检查施工单位的企业安全资质、管理人员资格是否符合要求。
(3)检查安全管理组织机构的建立是否符合要求。
(4)检查安全技术措施和安全操作规程的制定是否符合要求。
(5)检查施工安全风险评估是否符合要求。
(6)检查施工组织设计是否编制了安全技术措施,并履行审批手续;检查专项施工方案的审批程序是否完善。
(7)检查危险源辨识及预控措施是否全面、针对性强。
(8)人员安全培训情况。主要检查新入场的人员上岗前是否经过三级安全教育培训并经考试合格。从事特种作业的人员,是否经专门的安全培训考核,并持有效资格证上岗。一线工人安全技术措施交底开展是否规范。

7.5.2 施工阶段安全检查重点

(1)检查施工安全法律法规、标准规范和规章制度的贯彻执行情况。
(2)检查施工作业安全专项许可手续的办理情况。
(3)检查全员劳动用工登记及团体意外伤害保险办理情况。

(4) 检查项目负责人、专职安全员是否按规定取得"安管人员"证书,专职安全员人数是否符合相关要求。特种作业人员是否持证上岗及岗位是否对应。

(5) 检查项目部负责人带班生产情况,管理人员特别是安全管理负责人在岗情况。

(6) 检查大型设备进场验收手续是否完备。特种设备的检验、检查、维修保养是否符合要求。检查是否制定设备和工艺的选用规定,严禁使用淘汰、落后或不安全的设备或工具。

(7) 检查安全生产费用管理是否规范。

(8) 检查危险品安全管理是否符合有关要求。

(9) 检查方案执行落实情况。对危险性较大分部分项工程,特别是深基坑工程、高边坡工程、高大模板工程、施工起重机械设备以及脚手架等专项施工方案的实施情况,应急预案组织演练情况。

(10) 检查施工现场的作业环境、劳动条件、安全设施、标志标牌、操作行为、劳动防护用品的使用是否符合规程标准,重点检查重大危险源、临边防护、现场用电和高空作业等是否按照管理规定或采取了有效的控制措施。当发现危及人身安全与健康的重大不安全因素时,必须立即采取应急措施(如紧急撤离、停工)。

(11) 检查"一校、一志、一会""三阶段安全风险分析与预防""单元预警法"等落实情况。

(12) 检查"平安工地"建设情况。

(13) 检查内业资料整理归档情况。台账是否全面、及时更新,各项检查记录是否真实完善,各项制度、计划编制是否齐全,物资领用是否全面、真实。

(14) 检查事故处理情况。主要检查发生伤亡事故后是否按"四不放过"的原则进行报告和处理。检查安全检查记录和事故隐患的整改、处置和复查情况。

7.5.3 交工及缺陷责任期阶段安全检查重点

(1) 检查缺陷修复等工程施工安全技术措施是否符合要求。

(2) 检查缺陷修复等工程施工安全警示标志、标牌及操作规程是否按要求设置。

(3) 检查个人防护用品是否按规定配置及正确使用等。

7.6 检查结果处理

(1) 通常施工现场事故隐患主要分为以下两类:

① 一般事故隐患。指危害和整改难度较小,发现后能够立即整改排除的隐患。

② 重大事故隐患。指危害和整改难度较大,应全部或局部停工整顿,并经过一定时间整改治理方能排除的隐患,或因外部因素影响致使施工单位自身难以排除的隐患。

(2) 对于一般事故隐患,应当责令立即排除,由项目部负责人或者有关人员立即组织整改。

(3) 对于重大事故隐患,应当依法对施工单位做出停止施工、停止使用相关设施和设备的决定,施工单位应当依法执行,及时消除事故隐患。治理过程做到五落实,即"方案落实,材料落实,资金落实,进度落实,责任落实"。对治理不力的重大事故隐患,应按规定对责任单位挂牌督办。

(4)依据交通运输部公路水运工程建设重大事故隐患清单制度,对重大事故隐患应制订并实施隐患治理方案。

重大隐患治理方案应包括以下内容:①治理的目标和任务;②采取的方法和措施;③经费和物资的落实;④负责治理的机构和人员;⑤治理的时限和要求;⑥安全措施和应急预案。

(5)施工单位在隐患治理过程中,要采取相应的安全防范措施,防止事故发生。隐患排除前或者排除过程中无法保证安全的,应当从危险区域内撤出作业人员,并疏散可能危及的其他人员,设置警戒标志,暂时停工或者停止使用。对当时不能立即排除的隐患要坚持"不安全,不生产",采取有效的防范措施加以控制,并限期解决;对隐患无防范措施的,项目建设单位和监理单位要坚决予以停工整改。

(6)施工单位是检查结果处理的主体,应结合工程特点,完善安全事故隐患排查、建档、治理、验收、销号的工作制度,定期组织安全生产管理人员、工程技术人员和其他相关人员排查事故隐患,实行台账管理,并向监理单位、建设单位报告。

(7)监理单位发现施工现场安全事故隐患时应及时纠正,严格审查重大事故隐患治理方案,并对治理全过程予以监督检查和复核验收。对施工单位不认真治理,或重大事故隐患可能产生严重后果的,应及时向建设单位报告。

(8)建设单位应建立本项目事故隐患排查治理制度,明确施工、监理单位工作职责和内容,落实责任部门,重点督办重大事故隐患排查治理,定期检查施工、监理单位隐患排查治理工作。

7.7 安全评价和改进

7.7.1 安全评价

(1)施工单位每年至少开展一次对本单位(项目)安全生产标准化的实施情况进行自查评价,验证各项安全生产制度措施的适宜性、充分性和有效性,开展风险管控和隐患排查治理工作,检查安全生产工作目标的完成情况,创建"平安工地"。

(2)建设单位和监理单位应定期对项目安全生产责任制的落实情况,施工现场标准化措施的适宜性、充分性和有效性检查与评价,督促整改安全隐患,开展"平安工地"考核评价,消除安全管理的薄弱环节。

(3)评价工作应形成正式文件,施工单位应将评价结果报送监理单位,监理单位汇总后报送项目建设单位。

7.7.2 改进

(1)企业(项目)应根据"平安工地"考核评价结果,对安全生产目标、指标、规章制度、操作规程等进行修改完善,持续改进。

(2)项目发生死亡事故后,应重新进行全面评价。

8 公路水运施工现场安全生产管理要点

施工现场的安全管理是生产安全的重要环节。正确辨识施工工序的危险源,明确施工安全防护措施,突出安全风险防范要点,是保障施工安全的关键。本章主要从公路水运工程通用作业、路基工程、路面工程、桥涵工程、隧道工程、改建工程、交通工程、水运工程、装修工程、特种设备等10个方面对其可能存在的主要危险源进行辨识,从而阐述了公路水运施工现场安全管理要点。

8.1 通用作业

8.1.1 施工测量

(1)主要危险源:高处坠落、物体打击、车辆伤害、淹溺、触电。
(2)管理要点:
①测量人员在高压线附近工作时,必须保持足够的安全距离。在陡坡及危险地段测量应系安全带,脚穿软底轻便鞋。
②在桥墩上测量时,应有上下桥墩及防止人体坠落的安全措施。
③水文测量人员应穿救生衣。夜间进行水文测量时,必须备有足够的照明设备。
④水上施工测量平台应稳固可靠,作业时应派交通船守护。
⑤使用磁力仪、浅层剖面仪、声呐等水下测量设备作业,应按规定在测量船的明显处设置号灯或号型。收放尾灯电缆时,应停车并关闭电源。
⑥通车路段测量时,测量人员须穿反光背心,设置警示标志。

8.1.2 临时用电

(1)主要危险源:触电。
(2)管理要点:
①工程项目驻地建设前对施工用电设备数量在 5 台及以上,或用电设备容量在 50kW 及以上时必须编制施工临时用电方案。
②电气作业人员必须持证上岗。
③电气设备的维修,应停电作业,并悬挂"禁止合闸,有人工作"的停电标志牌。
④采用 TN-S 系统,符合"三级配电二级保护";每台用电设备必须有各自的专用开关箱,开关箱必须符合"一机、一箱、一闸、一漏",有门、有锁和防雨、防尘要求。
⑤配电室净空不低于 3m,配电柜上部距离棚顶不小于 0.5m,配电室内应设置灭火器材。
⑥电缆线路必须采用五芯电缆,电缆线路应采用埋地或架空敷设,地下埋设电缆应设防护管,架空敷设电缆应沿墙或电杆做绝缘固定,严禁沿地面明设,并应避免机械损伤和介质腐蚀,

埋地电缆路径应设方位标志。

⑦配电箱可以分若干分路,动力和照明必须分路配电,动力开关箱与照明开关箱必须分箱设置,严禁一箱多用;配电箱和开关箱的电源进线端严禁采用插头和插座做活动连接。

⑧不得在外电架空线路正下方施工、搭设作业棚、建设生活设施或堆放构件、架具、材料及其他杂物等。

a. 在带电设备附近搭、拆支架脚手架时,宜停电作业。在外电架空线路附近作业时,支架脚手架外侧边缘与外电架空线路的边线之间的最小安全操作距离不得小于表8-1的规定。

外电架空线路边线外侧边缘与在建工程(含脚手架)间安全距离 表8-1

外电线路电压(kV)	<1	1~10	35~110	220	330~500
最小安全距离(m)	4	6	8	10	15

b. 施工现场道路与外电架空线路交叉时,架空线路的最低点与路面的最小垂直距离应符合表8-2的规定。

施工现场的机动车道与外电架空线路交叉时的垂直安全距离 表8-2

外电线路电压(kV)	<1	1~10	35
最小安全距离(m)	6.0	7.0	8.0

c. 起重机不得靠近架空输电线路作业。起重机的任何部位与架空输电导线的安全距离不得小于表8-3的规定。

起重机与架空输电导线的安全距离 表8-3

外电线路电压(kV)	<1	10	35	110	220	330	500
沿垂直方向最小安全距离(m)	1.5	3.0	4.0	5.0	6.0	7.0	8.5
沿水平方向最小安全距离(m)	1.5	2.0	3.5	4.0	6.0	7.0	8.5

⑨接地与防雷。

a. PE线必须连续设置;施工现场接地设施不少于3处;保护零线必须在配电室做重复接地,还必须在配电系统中间和末端处做重复接地,每一处接地电阻值不应大于10Ω。

b. 机械上的电器设备做防雷接地,所连接的PE线必须同时做重复接地,同一台机械电器设备的重复接地和机械的防雷接地可共用同一接地体,但接地电阻应符合重复接地电阻值的要求。

c. 动力与照明线路应分开,在特别潮湿的作业环境,导电良好的地面、锅炉或金属容器内工作的临时照明,其电源电压应小于36V。

⑩总配电箱中漏电保护器的额定漏电动作电流应大于30mA,额定漏电动作时间应大于0.1s,额定漏电动作电流与额定漏电动作时间的乘积不得大于30mA·s。开关箱中漏电保护器的额定漏电动作电流不得大于30mA,额定漏电动作时间不应大于0.1s。潮湿或有腐蚀介质场所的漏电保护器应采用防溅型产品,额定漏电动作电流不得大于15mA,额定漏电动作时间不得大于0.1s。

8.1.3 模板

(1)主要危险源:模板垮塌、物体打击、高处坠落。

(2)管理要点：

①模板堆放处场地应坚实平整。模板码放高度不宜超过2m，圆弧形模板不宜多层堆放。

②模板作业场地应远离高压线。

③模板的安装应遵守下列规定：

a.支模架所选用的钢管严禁使用锈蚀、变形、断裂、脱焊、螺栓松动或其他影响使用性能的材料。

b.地面上的支模场地必须平整夯实，模板立柱支撑应加设垫板。

c.模板工程作业高度在2m及以上时，安装模板应搭设脚手架或施工平台，必须设置安全防护设施。

d.模板的立柱顶撑必须设牢固的拉杆，不得与不牢靠的临时物件相连。

e.组装立柱模板时，四周必须设牢固支撑，如柱模在6m以上，应将几个柱模连成整体。立柱模板架设完成时应设缆风绳固定。支设独立梁模应搭设临时操作平台，不得站在柱模上操作和在梁底模上行走和立侧模。

④模板拆除顺序和方法。

a.应按照先支后拆、后支先拆的顺序；先拆非承重模板，后拆承重的模板及支撑。

b.拆模作业时，必须设警戒区，严禁下方有人进入。

c.严禁用吊车直接吊除没有撬松动的模板。

d.高处拆下的材料，严禁向下抛掷。

e.拆除人员应使用稳固的登高工具、防护用品。

⑤在基坑或围堰模板施工时，应先检查有无塌方现象，确认无危险后，方可操作。

⑥模板吊环不得采用冷拉钢筋，且吊环的计算拉应力不得大于50MPa。

⑦大型钢模板应设置工作平台和爬梯。工作平台应设置防护栏杆、挡脚板和限载标志。

8.1.4 支架脚手架

(1)主要危险源：支架垮塌、高处坠落、物体打击、机械伤害、触电。

(2)管理要点：

①支架脚手架必须严格按程序进行专项设计、安全验算、审批后实施，所用的钢管、扣件、脚手板等构配件必须符合国家标准和行业标准。

②支架脚手架必须按批准的安全施工方案进行地基处理，地基承载力须经试验合格。

③作为承重工程的支架脚手架须进行预压，符合要求方可投入使用。

④非预应力结构的承重支架必须在混凝土达到规定的强度要求后方可卸落；预应力结构的承重支架必须在张拉、压浆后压浆强度达到设计及规范要求后方可卸落。

⑤支架脚手架周围必须设置防撞围挡；支架与道路交叉时，必须按规定净空设置车(人)行通道，并做好防撞墩、设限高架，设置发光和反光警示标志，安排专人进行道路交通管制。

⑥支架脚手架的作业人员必须按规定佩戴安全帽和安全带。

⑦立杆的基础必须平整、密实并必须符合架体承载力的要求；立杆下按要求加垫专用的钢板底座，或垫上厚度不小于5cm，宽度不小于20cm，长度不小于2根立杆间距的木板。

⑧支架脚手架应做好稳定性检查，特别在雨雪等恶劣天气后和邻近便道处的支架，应加强

其变形观测。

⑨架体的搭设要求：

a. 双排支架脚手架立杆间距为1.5m，接头应相互错开，在同一步架体内不能有两个接头，大横杆的间距为1.5～1.8m，所有接头使用对接扣件对接，接头位置应相互错开。

b. 纵向水平杆设置在立杆内侧，其长度不小于3跨。

c. 主接点处设置一根横向水平杆，在双排支架脚手架中内侧一端的外伸长度不大于30cm，支架脚手架必须设置纵、横向扫地杆，纵、横向扫地杆应采用直角扣件固定在纵、横向水平杆下方的立杆上。扫地杆高度不大于30cm，底托、顶托伸出部分不大于20cm。

d. 双排支架脚手架按要求设置剪刀撑与横向斜撑，每道剪刀撑跨越4～6根立杆，且不小于6m。与地面的倾角在45～60°之间。

e. 双排支架脚手架必须在侧立面的两端各设置一道剪刀撑，并由底至顶连续设置，中间各道剪刀撑之间净距小于15m。剪刀撑斜杆用旋转扣件固定在与之相交的横向水平杆的伸出端或立杆上，旋转扣件、中心线至主接点，距离不大于15cm，横向斜撑应在同一节间，由底至顶呈"之"字形连续布置，斜撑采用旋转扣件中心线至主接点的距离不大于15cm。

⑩支架脚手架搭设到高于在建建筑物顶部时，里排立杆要低于沿口4～5cm，外排立杆高出沿口不低于1.2m，搭设两道护身栏，并挂密目安全网。

⑪脚手架敷设的安全设施应经常检查，确保操作人员安全通行。

⑫支立排架时，不得与便桥或脚手架相连，防止排架失稳。

⑬脚手架高度大于10m时，应按规定设置缆风绳。缆风绳的地锚应设围栏。

⑭拆除脚手架，应设置护栏或警戒标志，并应自上而下拆除，不得上下双层作业。严禁随意抛掷脚手杆、板。

⑮预压加载、卸载应按预压方案要求实施，使用沙(土)袋预压时应采取防雨措施。

⑯支架应设置可靠的避雷接地装置。

⑰桩、柱梁式支架应符合下列规定：

a. 钢管桩的承载力应满足要求。

b. 纵梁之间应设置安全可靠的横向连接。

c. 搭设完成后应检查验收。

d. 跨通行道路时，应按照现行《道路交通标志和标线》(GB 5768)的要求设置交通标志。

e. 跨通航水域时，应设置号灯或号型。

8.1.5 钢筋加工

(1)主要危险源：机械伤害、物体打击、触电。

(2)管理要点：

①钢筋切断机在运转中，严禁用手直接清除切刀附近的断头和杂物。钢筋摆动周围和切刀附近，非操作人员不得停留。

②钢筋弯曲机作业中，严禁进行更换芯轴、销子和变换角度以及调速等作业，亦不得加油或清扫。

③严禁在弯曲钢筋的作业半径内和机身不设固定销的一侧站人。

④钢筋调直及冷拉现场应设置防护挡板，作业时，非作业人员不得进入现场。

⑤钢筋对焊机应安装在室内或防雨棚内，并应设可靠的接地、接零装置。多台并列安装对焊机的间距不得小于3m。对焊作业闪光区四周应设置挡板。

⑥吊运预绑钢筋骨架或成捆钢筋应确定吊点的数量、位置和捆绑方法，不得单点起吊。

⑦作业平台等临时设施上存放钢筋不得超载。

8.1.6 焊接

（1）主要危险源：烫伤、火灾、触电。

（2）管理要点：

①电、气焊作业点和气瓶存放点应按规定配备灭火器材。

②电焊机应设置单独的开关箱，电焊工作业时应穿戴防护用品，施焊完毕，拉闸上锁。雨雪天应停止露天作业。

③在潮湿地点工作，电焊机应放在木板上，操作人员应站在绝缘胶板上或木板上工作。电焊机外壳接地电阻不得大于4Ω，不得用钢丝绳、各种管道、金属构件等作为接地线。电焊机一次侧电源线长度不得大于5m；二次侧焊接电缆线应采用防水绝缘橡胶护套铜芯软电缆，长度不宜大于30m，且进出线处应设置防护罩。

④严禁在带压力的容器和管道上施焊。焊接带电设备时，必须先切断电源。

⑤储存过易燃、易爆、有毒物品的容器或管道，焊接前必须清洗干净，将所有孔口打开，保持空气流通。

⑥氧气瓶、乙炔瓶受热不得超过35℃，距离不得小于5m，且应防止火花和锋利物件碰撞胶管。气瓶与实际焊接或切割作业点的距离应大于10m，无法达到的应设置耐火屏障。各种气瓶应有标准色标，不应平放，宜采用专用小推车。

⑦乙炔气管使用后需清除管内积水。胶管回火的安全装置结冻时应用热水溶化，不得用明火烧烤。

⑧乙炔瓶内气体严禁用尽，必须留有不低于表8-4规定的剩余压力。

剩余压力与环境温度关系 表8-4

环境温度(℃)	<0	0~15	15~25	25~40
剩余压力(MPa)	0.05	0.1	0.2	0.3

⑨电焊机应安装二次空载降压保护器。

⑩高处电焊、气割作业，作业区周围和下方应采取防火措施，并应设专人巡视。

8.1.7 混凝土构件预制、运输

（1）主要危险源：物体打击、车辆伤害、触电。

（2）管理要点：

①拌和机等机械设备的转动部分必须设有防护装置。高大的搅拌站应设置避雷装置。

②发电机应设接地保护，接地电阻不得大于4Ω。施工用的发电机电源应与外电线路电源联锁，严禁并列运行。

③搅拌机料仓检修时,应停机检修。修理或进入料仓内清理叶片时,必须先切断电源,电源边设专人看护或开关箱上锁,并挂牌注明"仓内有人操作,切勿合闸"。

④有紧急停车装置的拌和设备,在设备和人员发生险情时,应立即启用紧急停车装置。

⑤混凝土泵送过程中要远离高压线路。任何人不得接近布料杆下的危险区域。

⑥有五级以上大风时,不得使用布料杆作业。

⑦混凝土泵应设置在作业棚内,安装应稳定、牢固。拆卸管路接头前,应排除管内剩余压力,防止管内存有压力而引起事故。

⑧使用龙门吊机天车时应设有轨道终端限位装置,谨防天车行至终端发生掉道倾覆事故,天车的轨道终端也应设有终端止轮器。吊机电路铺设采用电缆滑索,滑索应平直,电缆与金属骨架接触处应采用护套包裹,防止振动产生的磨损导致漏电。吊机的机房内和操作室应设有紧急开关,以便在紧急情况出现时及时断电。吊机应设有可靠的避雷装置和可靠的接地保护。

⑨轨道平车运输。

a. 大型预制构件运输应设专人指挥。

b. 铺设钢轨时轨道曲线半径不得小于25m,纵坡不宜大于2%。

c. 构件运输时下坡应以溜绳控制速度,止轮木块跟随前进。当纵坡坡度较大时,必须有相应的安全措施,方可运输。

⑩平板拖车运输。

a. 大型预制构件平板拖车运输,时速宜控制在5km/h以内。简支梁的运输,除在横向加斜撑防倾覆外,平板车上的搁置点必须设有转盘。

b. 运输超高、超宽、超长构件时,牵引车上应悬挂安全标志。超高的部件应有专人照看。

c. 在雨、雪、雾天通过陡坡时,必须提前采取有效措施。

8.1.8 起重吊装

(1)主要危险源:物体打击、设备倾覆、高处坠落、触电。

(2)管理要点:

①作业现场悬挂操作规程牌、高处作业注意事项牌、十不吊等警示牌。作业前后要对各种制动装置、限位装置、限制器、焊接件、钢丝绳及各种吊件进行全面检查。

②吊装作业应指派专人统一指挥,信号统一;操作人员严格按照规程作业,持证上岗。起重作业人员应穿防滑鞋、戴安全帽,高处作业时应按规定佩挂安全带。

③如遇六级以上大风,应禁止起重吊装作业。

④夜间起重吊装作业,必须设置足够的照明。

⑤钢丝绳的安全系数应不小于表8-5的规定。

钢丝绳安全系数 表8-5

用 途	安全系数	用 途	安全系数
缆风绳	3.5	吊挂和捆绑用	6
支承动臂用	4	千斤顶	8~10
卷扬机用	5	缆索承重绳	3.75

⑥地锚设置要牢固,缆风绳不得绑扎在电杆或其他不稳固的物件上。

⑦轮胎式起重机和履带式起重机应注意:

a. 起重机作业地面应坚实平整,支脚必须支垫牢靠,回转半径内不得有障碍物。

b. 严禁作业人员随构件一起升降;严禁起吊作业范围内有人员随意走动。

⑧在高处进行顶升作业的千斤顶,应有防止其坠落的措施。

⑨吊装作业应设警戒区,警戒区不得小于起吊物坠落影响范围。

⑩双机抬吊宜选用同类型或性能相近的起重机,负载分配应合理,单机载荷不得超过额定起重量的80%。两机应协调起吊和就位,起吊速度应平稳缓慢。

⑪雨、雪后,吊装前应清理积水、积雪,并应采取防滑和防漏电措施,作业前,应先试吊。

8.1.9 高处作业

(1)主要危险源:高处坠落、物体打击。

(2)管理要点:

①高处作业必须设置人员上下专用通道:根据工程实际,20m以下宜设置门架式爬梯或可靠锚固的带护圈(背笼)人行爬梯;20~40m以上宜设置"之"字形人行爬梯(人行塔梯);40m以上需安装附着式电梯。

②各种升降电梯、吊笼,必须有可靠的安全装置;严禁使用各种起重机械进行吊人。

③高处作业必须设置防护栏杆、密目式安全网及安全平网,夜间施工必须配备足够的照明设施、发光警示标志。

④作业高度超过20m时,必须设置避雷设施。

⑤高处作业应设置联系信号或通信装置,并由专人负责。

⑥5级以上大风或雷电、大雨、大雾、大雪等气候条件下应停止施工。

⑦拆除作业严禁立体交叉作业,水平作业时作业人员间应有一定的安全距离。

⑧架子工应按照有关规定经专业机构培训,并应取得相应的从业资格。作业时应戴安全帽、穿防滑鞋、系安全带。高处作业人员不得沿立杆或栏杆攀登。高处作业人员应定期进行体检。

⑨人行塔梯高度超过5m应设连墙件。

⑩人行塔梯通往作业面通道的两侧宜用钢丝网封闭。

8.1.10 拆除作业

(1)主要危险源:建筑物倒塌、高处坠落、爆炸。

(2)管理要点:

①建筑物拆除应采用自上而下、逐层分段,先拆非承重部分后拆承重部分,以及先水上后水下的拆除方法。

②建筑物拆除施工严禁采取上下立体交叉作业的施工方法。水平作业的各工位间距必须保持足够的安全距离。

③拆除施工必须监测被拆除建筑物的位移变化,建筑物有不稳定的趋势时,必须停止拆除作业。

④拆除水上建筑物应搭设水上工作平台或使用浮动设施进行拆除作业。作业人员不得站在有危险的被拆除构件上作业。
⑤雾、雨、雪天或风力大于等于6级的天气,应停止露天拆除作业。
⑥爆破拆除前进行的预拆除施工,不得拆除影响结构稳定的构件。
⑦拆除工程应划定危险区域,在周围设置围栏,做好警戒和警示标志,并派专人监护。

8.1.11　水上作业

(1)主要危险源:水上交通事故、淹溺。
(2)管理要点:
①临时栈道、作业平台、围堰临水侧要有安全防护设施。
②在水上作业的人员必须穿救生衣,各施工作业点和交通船、施工船舶上必须有足够的救生设备和救生衣。
③运输船只在水上配合高空起吊作业时,要做好防护工作。在航道范围进行水上作业,在作业点上下游100m处应设置警示浮标,夜间应设有号灯或号型。
④水上作业船舶如遇大风、大浪、雾天,超过船舶抗风浪等级或能见度不良时应停止作业。

8.1.12　潜水作业

(1)主要危险源:淹溺。
(2)管理要点:
①潜水员应按有关规定经专业机构培训,并应取得相应的从业资格。
②下潜深度应符合规定;作业条件困难时,应在现场另备一套潜水装备,并指派一名预备潜水员,以便在必要时下水协助和救援。
③潜水员在未得到充分休息时,不得作业。潜水员在水下作业时严禁在打捞物件内穿行、在水中悬吊物体上工作、在悬吊物体下穿行或进行其他任务的作业。
④夜间进行潜水作业时,作业船上必须配备足够的照明灯具。

8.1.13　雨季施工

(1)主要危险源:山洪、泥石流、触电、雷击。
(2)管理要点:
①雨后如果发现边坡有裂缝、疏松、支撑结构折断、走动等危险征兆,应立即采取措施。
②雨季施工中遇到气候突变、发生暴雨等紧急情况应当停止土石方机械作业。
③雷雨天气不得露天电力爆破土石方,如中途遇到雷电时,应当迅速将雷管的脚线、电线主线两端连成短路。
④遇到大雨、大雾、高温、雷击和6级以上大风等恶劣天气,应当停止脚手架的搭设和拆除作业。
⑤外露电器应注意防雨防潮。电石、乙炔气瓶、氧气瓶等应在库内或棚内存放。
⑥雷雨天气时,作业人员应远离塔式起重机、拌和楼、物料提升机、外用电梯等高大机械设备。

8.1.14 冬季施工

(1)主要危险源:机械失稳、高处坠落、煤气中毒、火灾。
(2)管理要点:
①各类机械作业应采取防护措施。
②脚手架、便道要有防滑措施,及时清理积雪,脚手架应经常检查加固。
③现场使用的锅炉、火坑等用焦炭时,应有通风条件,防止煤气中毒。
④大雪、轨道电缆结冰和6级以上大风等恶劣天气,应当停止垂直运输作业。
⑤加强冬季施工防火安全教育,重点注意锅炉、露天易燃的材料堆场、料库等。

8.1.15 夜间施工

(1)主要危险源:高处坠落、机械伤害。
(2)管理要点:
①施工驻地须设置路灯;大型桥梁攀登扶梯处、船只停靠的码头应有照明灯。
②夜间施工时,作业场所或工程船舶应设置照明设备,照度应满足施工要求。
③夜间施工时,作业场所的预留孔洞、上下道口及沟槽等危险部位应设置夜间示警标志和警示灯。

8.1.16 锅炉操作

(1)主要危险源:烟气中毒、锅炉爆炸、蒸汽烫伤。
(2)管理要点:
①锅炉应单独建造锅炉房。锅炉房如与生产厂房相连时,应用防火墙隔开,其锅炉的容量应符合有关规定的要求。
②司炉工必须持证上岗,锅炉使用前必须检查设备各部位和安全附件,经确认良好后方可操作,并做好相应记录。
③现场配备必要的消防器材。

8.1.17 防火

(1)主要危险源:火灾。
(2)管理要点:
①可燃材料堆放区距离施工区、生活区不得小于25m。
②施工现场应按规定设置消防器材,并有明显标志,夜间设红色警示灯。
③在电气设备和线路周围不能堆放易燃易爆物品和腐蚀介质。
④在高压线下禁止搭建临时建筑和堆放易燃、可燃物品。
⑤严禁在电气设备周围使用火源。在变压器、发电机、油库等场所严禁烟火。

8.1.18 交通管制

(1)主要危险源:车辆伤害、物体打击。

(2)管理要点：
①施工路段两端及沿线进出口处应设置明显的临时交通安全设施及标志，并定期对交通安全设施进行检查和维护。
②半幅施工作业区与车行道之间应设置隔离设施，作业人员在隔离区内进行作业。应设专人和通信设备，指挥交通，疏导车辆。
③施工现场急弯和陡坡地段应设置明显的交通标志，弯道顶点附近不宜堆放物料、机具。与铁路交叉处应有专人看管，并设置信号装置和落杆。
④靠近河流和陡坡处的道路应设置护栏和明显的警告标志。

8.2 路基工程

8.2.1 场地清理

(1)主要危险源：建筑物倒塌、树木伐倒、火灾。
(2)管理要点：
①在伐树范围内应设置警戒，非工作人员不得接近或在范围内逗留。严禁放火焚烧树木、丛草和杂物。
②用推土机伐除大树或清除残墙断壁时，应提高着力点，防止其上部反向倒下。
③大风、大雾和雷雨天不得进行伐树作业。
④拆除作业前，应将与拆除物相连通的电线、水、气管道切断，并在四周危险区域内设置安全护栏，设置必要的警告标志，设置夜间警示灯，非工作人员不得进入。
⑤拆除工序应由上而下，先外后里，严禁数层同时作业。
⑥拆除梁、柱之前，应先拆除其承托的全部结构物，严禁采用掏空、挖切和大面积推倒的拆除方法。
⑦在高处进行拆除工程时，对已拆除材料应用吊绳或者起重机及时吊下或运走，禁止向下抛掷。

8.2.2 土方工程

(1)主要危险源：边坡坍塌、机械伤害、管线爆裂、交通事故。
(2)管理要点：
①开挖土方的操作人员，必须保持足够的安全距离；横向间距不小于2m，纵向间距不小于3m。
②取土坑四周应设围挡设施、危险警示标志，坑壁应放坡，坡率不陡于1∶0.75，坑深超过3m，应分级放坡。
③基坑开挖应做好临边防护、放坡或支挡工作，设置警示标志。土方开挖必须自上而下按顺序进行放坡，严禁采用挖空底脚的操作方法。
④机械在危险地段作业时，必须设置明显的警告标志，并有专人进行指挥。
⑤高陡边坡处施工作业人员必须绑系安全带，且必须挂牢。高边坡必须分级开挖分级防

护,设置警示标志,严禁多级坡同时立体交叉作业。配备专职人员对边坡进行监视,防止上部塌方和物体坠落。

⑥发现山体滑动、崩塌迹象时,必须暂停施工,撤出人员和机具,并报相关部门处理。

⑦滑坡地段及其挡墙基槽开挖作业,应从滑坡体两侧向中部自上而下进行,严禁全面拉槽开挖。

⑧沟槽(坑)回填时,必须在构筑物两侧对称回填夯实。

⑨运输车辆限速40km/h,有专人指挥倒土。

⑩生石灰消解池应设置围挡,设立警示标志。

8.2.3　石方工程

(1)主要危险源:机械伤害、爆炸。

(2)管理要点:

①爆破施工应制订爆破专项施工方案,建立火工用品管理制度、炸药库管理制度。由民爆公司实施爆破的,应加强对民爆公司的管理。炸药库的建设经公安部门验收。爆破器材应由专人领取,严禁存放或带入宿舍。炸药与雷管严禁由一人同时搬运,并配备防爆箱运送。

②制作起炸药包(柱),应在专设的加工房或爆破现场的专用棚内进行。棚内不准有电气、金属设备,无关人员不得入内。

③选择炮位时,炮眼口应避开正对电线、路口和构造物。凿打炮眼时,坡面上的浮土和危石应予以清除,严禁残眼打孔;严禁雷电期间使用电起爆。超过5m的深孔不得使用导火索起爆。

④已装药的炮孔必须当班爆破,装填的炮孔数量应以一次爆破的作业量为限。

⑤爆破工作由专人指挥,设警戒区及明显警告标志,派设警戒人员。预告、起爆、解除警戒等信号应有明确的规定。导火索点燃后,人员应迅速远离。严禁采用先点燃导火索再将药柱抛入孔底的危险操作方法。

⑥爆破后撬动岩石必须由上而下逐层撬(打)落,严禁上下双重作业,不得将下面撬空使其上部自然塌落。

⑦爆破后,检查人员必须对"盲炮""哑炮"及可疑现象进行检查和排除后,方可解除警戒。

⑧滚石危及范围内的道路设警告标志。

⑨爆破时,个别飞散物对人员的安全距离不得小于表8-6的规定。

个别飞散物最小安全距离　　　　表8-6

序号	爆破类型及方法	个别飞散物的最小安全距离(m)
1	破碎大块岩矿	
	裸露药包爆破法	400
	浅眼爆破法	300
2	浅眼爆破法	200(复杂地质条件下未修成台阶工作面时不少于300)
3	浅眼药壶爆破	300

续上表

序号	爆破类型及方法	个别飞散物的最小安全距离(m)
4	深孔爆破	按设计,但不小于200
5	深孔药壶爆破	按设计,但不小于300
6	浅眼眼底扩壶	50
7	深孔扩壶	50
8	洞室爆破	按设计,但不小于300

8.2.4 防护施工

(1)主要危险源:高处坠落、物体打击。
(2)管理要点:
①边坡防护作业,脚手架必须落地设置,严禁采用支挑悬空脚手架。
②砌石作业必须自下而上进行,抹面、勾缝作业必须先上后下。挡墙砌筑时,墙下严禁站人。架上作业时,架下不准有人操作或停留。
③砌石工程石料改小,不得在脚手架上进行。

8.3 路面工程

8.3.1 混合料拌和

(1)主要危险源:高温烫伤、机械伤害、车辆伤害。
(2)管理要点:
①导热油加热沥青时,加热锅炉使用前必须进行耐压试验,水压力应不低于额定工作压力的两倍。
②用柴油清洗沥青泵及管道前必须关闭有关阀门,严防柴油流入油锅。
③沥青混合料拌和站的各种机电设备在运转前均需由机工、电工、计算机操作人员进行仔细检查。
④运转中严禁非作业人员靠近各种运转设备。
⑤搅拌机运行中,不得使用工具伸入滚筒内掏挖或清理;需要清理时,必须停机。如需人员进入搅拌鼓内工作时,鼓外要有人监护。
⑥料斗升起时,严禁有人在斗下工作或通过;检查料斗时,应将保险链挂好。

8.3.2 沥青混合料摊铺作业

(1)主要危险源:高温烫伤、机械伤害、车辆伤害。
(2)管理要点:
①施工现场应安排专人指挥。
②施工作业区两端,设置明显路栏,夜间路栏上设置警示灯或反光标志。

③压实机械应安装倒车雷达设备。
④施工区域应实行交通管制,严禁非施工车辆及人员进入。
⑤半幅通车路段,车辆出入前方设置指示方向和减速慢行标志。半幅施工区与行车道之间设置红白相间的隔离栅。
⑥路面摊铺设备暂时停放,周围必须封闭,并设置警示标志(夜间须有发光或反光装置)和防护设施。
⑦沥青混凝土路面摊铺现场应配备急救箱、灭火器材,防止烫伤、中暑、中毒、火灾。

8.3.3 水泥混合料摊铺作业

(1)主要危险源:机械伤害、车辆伤害。
(2)管理要点:
①水泥混凝土轨道式摊铺机作业安全要点:
a.布料机与振平机组间应保持 5～8m 的距离。
b.不得将刮板置于运动方向垂直的位置,不得借助整机的惯性冲击料堆。
②水泥混凝土滑模式摊铺机作业安全要点:
a.调整机器的高度时,工作踏板、扶梯等处禁止站人。
b.下坡时,禁止快速行驶和空挡滑行,牵引制动装置必须置于制动状态。
c.禁止用摊铺机牵引其他机械。
d.夜间施工,滑模摊铺机上应有足够照明和警示标志。
e.滑模摊铺机停放在通车道路上时,周围应设置明显的安全标志,夜间应设警示灯。

8.4 桥涵工程

8.4.1 一般规定

(1)桥涵工程施工中,应尽量避免双层或多层同时作业。当无法避免时,应设防护棚、防护网、防撞设施和醒目的警示标志、信号等。
(2)遇有 6 级以上大风等恶劣天气时,不得进行高处露天作业、缆索吊装作业及大型构件起重吊装作业等。
(3)钻孔桩口、钢管桩口、预留口、坑槽口、操作平台空口等处均应设置安全防护设施和警示标志。

8.4.2 明挖基础

(1)主要危险源:坑壁坍塌、机械伤害。
(2)管理要点:
①开挖基坑时,要按规定的边坡坡度分层下挖,严禁局部深挖和掏洞开挖。
②基坑四周应在离基坑边不少于1m处设钢管护栏(高度1.2m以上,刷红白或黄黑双色漆),挂密目网;靠近道路侧需设置安全警示标志、夜间发光警示灯带。

③基坑周边1.0m范围内不得堆放杂物、开挖物及停放设备。

④基坑、井坑开挖过程中,必须专人观察坑壁、边坡有无裂缝和坍塌现象(特别是雨后和解冻时期)。

⑤机械开挖基坑时,坑内不得有人作业,必须留人在坑内操作时,挖掘机应暂停作业。作业人员不得在坑壁下休息。

⑥基坑开挖中,遇有流沙、涌水、涌沙及基坑边坡不稳定等现象发生时,应立即撤出基坑。

⑦降水作业中,应随时观测对邻近建筑物的影响程度,当沉降或变形超出预警数据时,应停止作业,并采取相应措施。

8.4.3 筑岛围堰

(1)主要危险源:边坡坍塌、机械伤害、淹溺。

(2)管理要点:

①采用挡土板或板桩围堰时,应随时检查挡板、板桩等挡土设施的稳定牢固状况。

②施工中,遇有流沙、涌沙或支撑变形等危及作业人员安全的情况时,应立即停止挖掘,撤出基坑。

③用吸泥船吹砂筑岛,作业人员应穿着救生衣,并备有救生船;作业区内严禁船舶和无关人员进入,不得在承载吸泥管道的浮筒上行走。

④基坑抽水过程中,要有专人经常检查土层变化、支撑结构受力情况。

⑤基坑支撑拆除时,应在现场技术负责人的指导下进行。严禁站在正在拆除的支撑上操作。

⑥在围堰内作业,遇有洪水,应立即撤出作业人员。

8.4.4 钢板桩及钢筋混凝土板桩围堰

(1)主要危险源:淹溺、触电、机械伤害、物体打击。

(2)管理要点:

①吊起的钢板桩未就位前,插桩桩位处不得站人。在桩顶作业,应挂吊篮、爬梯,作业人员必须系好安全带。

②严禁将吊具拴在钢板桩夹具上或捆在钢板桩上进行吊装。

③插打钢板桩时,如因吊机高度不足,可向下改变吊点位置,但吊点不得低于桩顶以下1/3桩长位置。

④拔桩时,应从下游向上游依次进行,严禁硬拔;采用吊机船拔除钢板桩,应指派专人经常检查吊机船的吃水深度、拔桩机或吊机受力情况,拔桩机和吊机应安装"限负荷"装置,以防超负荷作业。

8.4.5 套箱围堰

(1)主要危险源:淹溺、高处坠物、机械伤害、水上交通事故。

(2)管理要点:

①拖船牵引浮运钢套箱时,应征得港航管理部门同意,按批准的拖船牵引方案实施。多只

拖船牵引浮运大型物件时,应配备通信器材,并建立统一的指挥机构。
②两船之间的通道及联接梁上,应铺设人行道板和栏杆。严禁在一只导向船上或船的一侧偏载重物。
③采用沉浮式双壁钢套箱,吸水下沉或排水上浮时,必须对称均衡地进行施工,防止产生过大的倾斜。
④套箱内宜设置备用逃生通道。
⑤钢套箱拆除时,应有足够的脚手板、扶梯和救生设备等安全防护设施。施工人员必须系安全带、穿救生衣。拆下的铁件、螺栓等,应吊放在指定地点,不得从高处向下抛掷。

8.4.6 沉井基础

(1)主要危险源:淹溺、高处坠物、机械伤害、沉井倾覆、有害气体、水上交通事故。
(2)管理要点:
①沉井下沉的四周影响区域内,不宜有高压线杆、地下管道、固定式机具设备和永久性建筑。
②沉井施工前,应搭设稳固的脚手架、作业平台,平台四周设置栏杆,高处作业和险要的空隙处,均应挂防落物网。
③在刃脚处挖掘,应对称均匀掘进,并保持沉井均匀下沉。
④沉井下沉时,下井操作人员安全防护用品必须佩戴齐全。井内要有充足的照明。沉井各室均应备有悬挂钢梯及安全绳,以应逃生急需。涌水、涌砂量大时,严禁采用人工开挖下沉。
⑤在围堰筑岛上就地浇筑的沉井,在沉井的外侧周围应留有护道。护道宽度应按设计规定修筑;筑岛岛面和开挖基坑的坑底高程,应比沉井施工期最高水位高出至少0.5m。
⑥浮运沉井的防水围壁露出水面高度,在任何时候均不得小于1m。不排水沉井下沉中,应均匀出土,不得超挖、超吸,并应加强观测,必要时进行沉井底的潜水检查,防止沉井突然下沉和大量翻砂而导致沉井歪斜,造成人员和机械损伤。
⑦沉井施工中,严防船舶及漂流物等的撞击。通航的河道,应设置导航标志,在水流斜交处,应备有导航船引导过往船只,缓慢安全驶过施工区。

8.4.7 钻孔灌注桩

(1)主要危险源:钻机倾覆、孔口坠落。
(2)管理要点:
①钻机皮带转动部分不得外露,所使用的电气线路必须是橡胶防水电缆。
②采用冲击钻孔时,卷扬机钢丝绳断丝量超过5%时,必须立即更换。卷扬机在收放钢丝绳操作时,严禁作业人员在其上面跨越;卷扬机卷筒上的钢丝绳,不得全部放完,最少保留3圈。严禁手拉钢丝绳卷绕。
③钻孔中,发生故障需排除时,严禁作业人员下孔内处理故障。
④对于已埋设护筒未开钻或已成桩护筒尚未拔除的,应加设护筒顶盖或铺设安全网遮罩。
⑤应在泥浆池边设有明显的警示标志和防护围栏。桩基施工完成后,应回填泥浆池。

⑥钻机塔顶和吊钢筋笼的吊机桅杆顶上方2m内不准有任何架空障碍物。
⑦雷雨时作业人员不得在钻机下停留,防止碰撞、电击等意外事故发生。
⑧水上作业平台结构要牢固,并设置围挡、安全警示标志。
⑨钢筋笼吊装时,应有专人指挥。应符合起重吊装的有关规定。

8.4.8 沉入桩

(1)主要危险源:物体打击、桩机倾覆。
(2)管理要点:
①打桩机的移动轨道,铺设要平顺、轨距要准确、钢轨要钉牢,轨道端部应设止轮器。
②各种沉桩及桩架等拼装完成后,应对机具设备及安全防护设施进行全面检查验收,如作业平台、护栏、扶梯、跳板等。
③吊桩时,应有统一的指挥信号。桩的下部应拴以溜绳,在指挥人员发出信号后,方可作业。
④打桩机移位或检查维修桩锤时,禁止将桩锤悬起。桩机应移到桩位上稳固后方准起锤,严禁随移随起锤。
⑤打桩机拆装时,桩架长度半径(并加一定安全系数)内不准拆装作业以外的人员进入。在起落机架时,要专人指挥,并禁止任何人在机架底下穿行或停留。
⑥在高压线下两侧安装打桩机械,应根据电压,保证打桩机与高压线最近距离大于安全距离。打桩机顶部上方2m内不准有任何架空障碍物。
⑦在起吊沉桩或桩锤时,严禁作业人员直接在吊钩下或在桩架龙门口停留或作业。
⑧遇有大风及恶劣天气,应停止打桩作业。雷雨时,作业人员不得在桩架附近停留。采用浮式打桩船或浮式平台沉桩时,当有船只通过时,应暂停沉桩作业。
⑨振动打桩机开动后,作业人员必须远离基桩,信号员与驾驶员所在位置应能通视,并能看到基桩下沉情况。所有开停振必须听从指挥。振动下沉过程中,严禁进行机械维修和保养。振动打桩机在停止作业后,应立即切断电源。
⑩钢筋混凝土沉桩完成后,露出地面的桩头及钢筋,应按基坑临边防护形式做好安全防护。

8.4.9 挖孔灌注桩

(1)主要危险源:孔壁坍塌、吊物伤人、窒息、爆炸。
(2)管理要点:
①孔口四周设置安全防护栏和警示标志。孔内作业人员必须戴安全帽,穿绝缘鞋,戴绝缘手套。
②防止井上坠物。井口护壁高度至少比地面高出30cm,井口2m范围内不得堆放杂物和弃渣;出渣宜使用电动卷扬机,并要有断电防滑保护装置;卷扬机吊钩要有保险卡口装置;井下设挡板,施工人员需在挡板下作业。
③作业人员上下井,要系安全带,每个作业点配应急软梯,孔下作业人员连续作业不得超过2h。

④做好井下通风。挖孔桩施工必须配备有害气体检测仪。每日下井前及爆破作业后必须进行机械通风,爆破作业过程中应做好爆破警示。

⑤人工挖孔桩采用混凝土护壁时,每挖深1m(土质较差应适当减少)应立即浇注护壁,护壁厚度不小于0.1m。挖孔较深或有渗水时,必须采取孔壁支护及排水、降水等措施,严防塌孔。

⑥孔内挖土人员的头顶部应设置护盖。取土吊头升降时,挖土人员应在护盖下工作。相邻两孔中,一孔进行爆破或浇注混凝土作业时,另一孔的挖孔人员应停止作业,撤出井孔。

⑦人工挖孔深度超过10m时,应采用机械通风,应有良好的照明,人工挖孔最深不宜大于15m。

⑧成孔和停工的井口必须进行遮盖。

8.4.10 管柱施工

(1)主要危险源:高处坠落、物体打击。

(2)管理要点:

①管柱振动下沉作业,应对邻近的建筑物、临时设施及相邻管柱的安全和稳定进行检查,必要时采取安全防护措施。

②管柱施工作业平台,除设护栏外,双层或高处作业处,以及两船拼装之间、跳板下面,均应悬挂安全网;管柱内钻凿岩层时,钻孔平台的脚手板必须铺满,四周设置护栏和上下梯,并备有救生和消防设施。

③管柱内水位,应保持高出管柱外水面,在管柱内清孔时,必须高出管柱外水面1.5~2m。有潮汐影响时,应采取稳定管柱内水头的措施。

8.4.11 就地浇筑墩台、柱、盖梁

(1)主要危险源:模板倾覆、物体打击、高处坠落、机械伤害。

(2)管理要点:

①就地浇注墩台混凝土,施工前必须搭设好脚手架和作业平台,墩身高度大于2m时,平台外侧应设栏杆、安全网及上下扶梯。施工人员应系好安全带。

②用吊斗浇筑混凝土时,吊斗提降应有专人指挥。升降斗时,吊斗下方严禁站人,上部人员不得身倚栏杆推动吊斗,严禁吊斗碰撞模板及脚手架。

③墩台钢筋骨架绑扎安装后,未浇筑混凝土部分超过6m,或立柱模板高度超过6m的,浇筑完成之前必须设置缆风绳。

8.4.12 砌筑墩台

(1)主要危险源:平台倒塌、高处坠落、物体打击。

(2)管理要点:

①砌筑墩台前,应搭设好脚手架、作业平台、护栏、扶梯等安全防护设施。

②人工、手推车抬(推)运石块或预制块件时,脚手板应铺满。脚手架和作业平台上堆放的物品不得超过设计荷载。砌筑材料应随运随砌。

8.4.13 滑模施工

(1)主要危险源:模板垮塌、高处坠落、机械伤害。
(2)管理要点:
①爬升架体系、操作平台、架等要具有足够的刚度、强度和稳定性。架体提升时,要另设保险装置。
②模板内设置升降设施及安全梯。
③操作平台上的施工荷载,应均匀对称,不得超负荷。平台周围应安设防护栏杆,并备有消防及通信设备。
④当塔墩等高层建筑采用爬模施工方法时,模板爬升时作业人员不得站在爬升的模板或爬架上。
⑤液压系统组装完毕后,必须进行全面检查。施工过程中,液压设备应由专人操作,并经常维护。
⑥用手动或电动千斤顶作提升工具,千斤顶丝扣的旋转方向,应以左右方向对称安装,使其力矩相互抵消,防止平台被扭动而失稳。
⑦运送人员、材料的罐笼或外用电梯,应有安全卡、限位开关等安全装置。
⑧施工及拆除滑模设备时,应专人指挥,并划定警戒区,警戒线到建筑物边缘的安全距离不得小于10m。

8.4.14 预制构件安装

(1)主要危险源:机械失稳、高处坠落、物体打击。
(2)管理要点:
①导梁组装时,各节点应连接牢固,在桥跨中推进时,悬臂部分不得超过已拼好导架全长的1/3。
②安装预制构件施工不宜在夜间施工,禁止作业人员疲劳上岗。简支梁安装起吊中,墩顶工作人员应暂时离开,禁止工作人员站在墩台帽顶指挥或平行作业。
③装配式构件吊装施工所需的脚手架、作业平台、防护栏杆、上下梯道、安全网必须齐备。深水施工,应备救护用船。
④重大的吊装作业,应先进行试吊。遇有大风及雷雨等恶劣天气时,不得进行构件吊装作业。
⑤墩顶龙门架使用托架托运时,托架两端应保持平衡稳定;龙门架落位后应立即与墩顶预埋件连接,并系好缆风绳。
⑥龙门架顶横移轨道的两端应设置制动枕木。
⑦预制场和墩顶装载构件的滑移设备要有足够的强度和稳定性,牵引(或顶推)构件滑移时,施力要均匀。
⑧安装现场设立警戒区,建立统一的指挥系统,专人监护;标志标牌齐全,防护到位。施工难度、危险性较大的作业项目应组织培训。
⑨起重机应有防倾覆措施。

8.4.15 就地浇筑上部结构

(1)主要危险源：支架垮塌、高处坠落、触电。
(2)管理要点：
①支架须进行安全验算并试压，操作平台及上下通道设钢管安全护栏，护栏内侧挂密目式安全网，外侧挂防落物网；各类操作规程牌及安全警示牌齐备，个人防护用品齐全、使用正确。
②混凝土就地浇筑时，作业前应对机具设备及防护设施等进行检查。施工中应随时检查支架和模板，发现异常状况应及时采取措施。

8.4.16 悬臂浇筑

(1)主要危险源：挂篮倾覆、高处坠落、触电。
(2)管理要点：
①挂篮组拼后，要进行全面检查，做静载试验。挂篮两侧前移要对称平衡进行，大风、雷雨天气不得移动挂篮。
②挂篮使用时，应经常有专人检查后锚固筋、千斤顶、手拉葫芦、张拉平台及保险绳等是否完好可靠。
③桁架挂篮在底模荡移前，必须详细检查挂篮位置、后端压重及后吊杆安装情况是否符合要求。应先将上横梁两个吊带与底模下横梁连接好，确认安全后，方可荡移。
④滑移斜拉式挂篮底模和侧模沿滑梁行走前，必须在倒链葫芦的位置加保险绳。
⑤挂篮拼装机悬臂组装中，危险性较大、在高处及深水处作业时，应设置安全网，满铺脚手板，设置临时护栏。
⑥进行零号块施工，并以斜托架作施工平台时，平台边缘应设安全防护设施。墩身两侧托架平台之间搭设的人行道板必须连接牢固。
⑦施工作业平台、已浇筑混凝土的梁段边缘处及人员上下通道，应设钢管安全护栏，护栏内侧挂密目式安全网，外侧挂安全平网。设置安全警示标志。
⑧遇有5级以上大风及恶劣天气时，应停止作业。

8.4.17 悬臂拼装

(1)主要危险源：机械失稳、高处坠落、触电。
(2)管理要点：
①龙门架或起重吊机进行悬臂拼装时，应遵照下列安全规定。
a.吊机的定位、锚固应按设计进行，并进行静载试验。龙门架、起重吊机及轨道的下面，必须具有坚实的基础，不得有下沉、偏斜。
b.预制构件运至现场后，如需暂时存放，应放置在平整坚实的场地上，并按设计设置支点及支撑。
c.构件起吊前，应对起吊机具设备及构件进行全面检查、验收，并进行起吊试验。
d.运送构件的车辆(或船舶)，构件起升后应迅速撤出。

②遇有下列情况时,必须停止吊装作业。
a.指挥信号系统失灵。
b.天气突然变化,影响作业安全。
c.卷扬机、电机过热,起重吊机或托梁部件变形及其他机械设备、构件等发现有异常情况。

8.4.18　缆索吊装

(1)主要危险源:设备失稳、高处坠落、触电、机械伤害。
(2)管理要点:
①吊装时,应有统一的指挥信号。
②登高操作人员应携带工具袋;安全带不得挂在主索、扣索、缆风绳等上面。
③缆索吊装大型构件时,应事先检查塔架、地锚、扣架、滑车、钢丝绳等机具设备。正式吊装前必须进行吊载试运行。
④缆索跨越公路、铁路时,应搭设架空防护支架。在靠近街道和村镇的地方应设立警示标志。在通航航道上空吊装作业,吊装作业宜采取临时封航措施。
⑤暴雨、大雾、6级以上大风等恶劣气候和夜间不得进行缆索吊装作业。

8.4.19　顶推及滑移模架

(1)主要危险源:设备失稳、机械伤害、触电。
(2)管理要点:
①顶推施工中,应随时进行必要的监测,发现异常,应停止顶推并处理。
②顶入工作坑的边坡,应根据土质情况进行放坡或者支护。靠铁路、公路一侧的边坡,其上端应与铁路和公路保持一定安全距离。
③上下桥墩和梁上作业时,应设置扶梯、围栏、悬挂安全网等安全防护设施。使用的工具、材料等,均应吊运传递,不得向下抛掷。
④落梁完毕,拆除千斤顶及其他设备时,应先用绳拴好,并用吊机吊出。
⑤施工前应采取必要的加固措施,以保证顶入作业中通车线路的安全。
⑥用滑移模架法浇筑箱梁混凝土时,应遵守下列规定:
a.钢箱梁及桁架梁下弦底面装设不锈钢带,在滑橇上顶推滑行之前,应检查有无障碍物及不安全因素。所用机具设备及滑行板等,均须进行检查和试验。对重要部位,应设专人负责值班观察,并注意人员及设备的安全。在滑道上要及时刷油。上岗作业必须穿防滑鞋、戴安全帽,拆卸底模人员,必须挂好安全带。
b.牵引后横梁和装卸滑橇时,要有起重工协同配合作业。牵引时,应注意牵引力作用点,使后横梁在运行时,与桥轴线保持垂直。

8.4.20　转体法及拖拉法施工

(1)主要危险源:设备失稳、高处坠落、触电、物体打击。
(2)管理要点:
①桥梁上部为预制钢筋混凝土或预应力混凝土结构,采用转体架桥法或纵横向拖拉法施

工时,搭设支架(或拱架)、支立模板、绑扎钢筋、焊接及浇筑混凝土等,均应遵守相应的安全规定。

②采用平转法,桥体旋转角应小于180°。转体时,悬臂端应设缆风绳。

③平衡重转体施工前,应先利用配重做试验,进行试转动,检查转体是否平衡稳定。无平衡重平转法施工的扣索张拉时,应检查支撑、锚梁、锚碇、拱体等,确认安全后方可施工。

④使用万能杆件或枕木垛作滑道支撑墩时,其基础必须稳固。枕木垛应垫密实,必要时应做压重试验。

⑤拖拉或横移施工中,应经常检查钢丝绳、滑车、卷扬机等机具设备是否完好,发现问题应立即处理。

8.4.21 预应力张拉

(1)主要危险源:物体打击、机械伤害、触电、火灾。

(2)管理要点:

①预应力钢束(钢丝束、钢绞线)张拉作业区,应设置后挡板及明显的警示标志,无关人员不得进入。

②检查张拉设备、工具(如:千斤顶、油泵、压力表、油管、顶楔器及液控顶压阀等)是否符合施工及安全的要求。压力表应按规定周期进行检定,使用半年或张拉次数达到600次时必须重新标定。

③在已拼装或现浇的箱梁上进行张拉作业,应事先搭好张拉作业平台,并保证张拉作业平台、拉伸机支架搭设牢固,平台四周应加设护栏。施工的吊篮应安挂牢固,必要时可另备安全保险设施。张拉时,千斤顶的对面及后面严禁站人。

④先张法张拉施工时,张拉前应对台座、横梁等进行检查。

⑤先张法张拉中和未浇混凝土之前,周围不得站人和进行其他作业。浇筑混凝土时,振捣器不得撞击钢丝(钢束)。

⑥预应力钢筋冷拉时,在千斤顶的端部及非张拉端部,均不得站人。

⑦预应力钢筋放张应梁板两端同时均匀、对称放张,采用砂箱放张,放砂速度应均匀一致。

⑧体外预应力张拉时,严禁吸烟、电焊、气割,防止PE层燃烧。同时,内箱严禁堆放易燃、易爆物品,张拉作业面设置消防器材。

⑨横向预应力张拉压浆时,临边作业人员须佩戴安全带等防护用品。

⑩管道压浆时,操作人员戴防护眼镜和其他防护用品。关闭阀门时,作业人员应站在侧面。

8.4.22 拱桥

(1)主要危险源:拱(支)架倒塌、高处坠落、物体打击、机械伤害。

(2)管理要点:

①拱桥的模板、支架和拱架应按受力程序分别验算其强度、刚度及稳定性。拱架须经试验或预压,并应满足防洪、流冰、排水、通航等安全要求。

②就地浇筑的钢筋混凝土拱圈及卸落拱架的过程中,应设专人用仪器随时观测拱圈、拱

架、劲性骨架变形和横向位移以及墩台的变化情况并详细记录。

③浇筑拱圈混凝土时,应做专门的加载程序,使拱架变形保持均匀。

④多层施工的拱桥和桥下通车、行人时,应布设安全网。

⑤施工现场应加强交通管制工作,防止机械伤人。

8.4.23 斜拉桥、悬索桥

(1)主要危险源:模板倾覆、高处坠落、触电、机械伤害、物体打击。

(2)管理要点:

①索塔升高(到20m以上),防雷电设施必须相应跟上;避雷系统未完善前,不得开工。

②悬索桥的主索及斜拉桥的斜缆索,应进行破断试验,其破断力应满足设计要求。

③索塔分节立模浇筑前,应搭好脚手架、扶梯、人行道及护栏。每层脚手架的缝隙处,应设置安全网,两层安全网间距一般不得超过8m。

④塔底与桥墩为铰接时,施工中必须将塔底临时固定。塔身建筑到一定高度后,必须设置风缆。斜缆索全部安装并张拉完成后,方可撤除风缆并恢复铰接。

⑤斜拉桥的塔底与墩固结时,脚手架必须在墩上搭设。当索塔与悬臂段同时交错施工,并分层浇筑索塔时,脚手架不得妨碍索塔的摆动。

⑥缆索套管内采用压注水泥浆防护时,水泥浆应从下往上压入。索塔超过50m时,应分段向上压注,以防灌注压力过大,套管破裂伤人。

⑦悬索桥施工中使用的吊篮、平台等应具有足够的强度,设置的防护围栏高度不得小于1.2m。索塔应设置上下扶梯和塔顶作业平台。

⑧悬索桥安装加劲桁构(梁)时,应该做到:

a.索塔下端为固结时索鞍将逐步向河心偏移,施工中,应对索鞍偏移量进行观测和控制,防止超过设计允许偏斜量而影响塔架的安全。

b.索塔下端为铰接时,亦应按设计要求观测,并控制索塔的偏斜量。

⑨斜拉桥、悬索桥在施工中应配备水上救护船只。

8.4.24 钢桥

(1)主要危险源:高处坠落、物体打击、触电。

(2)管理要点:

①钢梁杆件组装,应在平整的作业平台上进行,其基础应有足够的承载力。

②浮运吊装时,应按水上运输和起重吊装作业安全要点进行。浮运宜从下游逆水进入桥孔。

③钢梁上的各种电动机械和电缆线、照明线路等,必须保持绝缘良好,应有专人值班管理。

④装拆脚手架、上紧螺栓、铆合等作业,应上下交替进行,避免双层作业。

8.4.25 桥面铺装及护栏

(1)主要危险源:高处坠落、触电、物体打击、机械伤害。

(2)管理要点:

①未设置防撞护栏时在桥梁边缘应设置安全网,桥头设安全责任牌、警示标志牌,施工人员进场戴安全帽,在桥梁边缘作业的工人应配备安全带。

②桥面钢筋多且面广,专职电工每天对用电设施、线路进行安全检查。

③桥面系施工前,上下行桥之间空隙处应满布安全网。

④桥头应设置栅栏,非施工人员和外来车辆不得入内,避免压坏已铺好的钢筋网及浇好的桥面,左右幅通行应设置安全通道。

8.5 隧道工程

8.5.1 一般规定

(1)洞口处或醒目位置应设置"七牌一图",即工程概况牌、质量安全目标牌、主要管理人员名单及监督电话牌、安全文明施工牌、重大风险源告知牌、单元预警牌、进洞人员名单牌、施工现场布置图。

(2)施工场地应做出详细的部署和安置,出渣、进料及材料堆放场地应妥善布置,弃渣场地应设置在不堵塞河流、不污染环境、不毁坏农田的地段。

(3)进洞前应先做好洞口工程,稳定好洞口的边坡和仰坡,做好天沟、边沟等排水设施,确保地表水不致危及隧道的施工安全。

(4)开挖人员不得上下重叠作业。

(5)边、仰坡以上松动危石应在开工前清除干净。施工中应经常检查,特别是在雨雪之后,发现松动危石必须清除。

(6)隧道洞口处要配置值班室(监控室),有专人24h值班,对进出洞人员和机械设备进行登记管理。隧道施工宜配置电子门禁系统和电子安全监控系统。

(7)进洞人员必须按规定佩戴安全防护用品。

(8)在洞身开挖过程中,为保证洞内人员施工安全,软弱围岩地段应配备可手动拆卸的逃生钢管,要求壁厚不宜小于10mm,管径不宜小于600mm,每节管长宜为1.5~2m。

(9)在隧道所有作业台架上安装防护彩灯或反光标志,确保车辆通行安全,在台架底部配置消防器材。

(10)隧道开挖应做好监控量测和超前预报工作。

(11)隧道内应设立安全预警系统和应急逃生路线灯视引导系统。当隧道发生险情或等级事故时,及时用声响和安全指示灯通知人员撤离或启动应急预案。

8.5.2 开挖、凿孔、爆破

(1)主要危险源:坍塌、粉尘、机械伤害、触电、瓦斯爆炸。

(2)管理要点:

①人工开挖土质隧道时,操作人员保持必要的安全操作距离,机械凿岩时,宜采用湿式凿岩机或带有捕尘器的凿岩机。

②风钻钻眼时,气管接头应牢固无漏风现象;湿式凿岩机供水应正常;干式凿岩机的捕尘

设施良好。

③钻孔台车进洞时要有专人指挥,认真检查道路状况和安全界限,其行走速度不得超过25m/min。

④带支架的风钻钻眼时,必须将支架安置稳妥。风钻卡钻时应用扳钳松动拔出,不可敲打,未关风前不得拆除钻杆。

⑤严禁在残眼中继续钻眼。

⑥装药与钻孔不宜平行作业。

⑦进行爆破时,所有人员撤离现场的安全距离为:独头巷道不少于200m;相邻的上下坑道内不少于100m;相邻的平行坑道,横通道及横洞间不少于50m;全断面开挖进行深孔爆破(孔深3~5m)时,不少于500m。

⑧爆破作业后必须经过15min通风排烟后,检查人员方可进入工作面,检查有无"盲炮"及可疑现象;有无残余炸药或雷管;顶板两帮有无松动石块;支护有无损坏与变形。

⑨两工作面接近贯通时,两端应加强联系并统一指挥。岩石隧道两工作面距离接近15~30m时,应改为单向开挖,停挖段的人员应撤离,软弱围岩隧道应加大预留贯通的安全距离。

8.5.3 洞内运输

(1)主要危险源:车辆伤害、物体打击。
(2)管理要点:
①洞内运载车辆不准超载、超宽、超高运输,严禁人料混载。
②洞内机械作业必须有专人指挥。
③在任何情况下,雷管与炸药必须放置在带盖的容器内分别运送。
④严禁用翻斗、自卸汽车、拖车、拖车机、机动三轮车、人力三轮车、自行车、摩托车和皮带运输机运送爆破器材。
⑤装运大体积或超长料具时,应有专人指挥,专车运输,并设置显示界限的红灯。
⑥洞内运输的车速不得超过:机动车在施工作业地段单车15km/h,有牵引车及会车时10km/h。

8.5.4 支护

(1)主要危险源:物体打击、机械伤害。
(2)管理要点:
①如遇石质破碎、风化严重和土质隧道时,应尽量缩短支护至工作面的距离。
②不得将支撑立柱置于废渣或活动的石头上。
③喷射手应佩戴必要的防护用品。注浆管喷嘴严禁对人放置。
④脚手架及工作平台上的脚手板应满铺。
⑤安装、拆除模板、拱架时,工作地段应有专人监护。
⑥当发现量测数据有不正常变化或突变,洞内或地表位移值大于允许位移值,洞内或地面出现裂缝以及喷层出现异常裂缝时,均应视为危险信号,必须立即报告,并组织作业人员撤离现场,待处理后才能继续施工。

8.5.5 衬砌

(1)主要危险源:高处坠落、台车失稳、机械伤害。
(2)管理要点:
①衬砌台车应经专项设计,衬砌台车、台架组装调试完成应组织验收并试行走;使用前检查安全防护措施是否到位,如防护栏杆、警示标牌、工作平台铺板是否合格、衬砌台车用电线路有无破损等。
②台车下的净空应能保证运输车辆的顺利通行。混凝土灌筑时,必须两侧对称进行。台车上不得堆放料具,工作台应满铺底板,并设安全栏杆。
③拆除混凝土输送软管时,必须停止混凝土泵的运转。
④洞内支护,宜随挖随支护,支护至开挖面的距离应不超过4m;依据不同围岩类别,开挖面与衬砌的距离宜控制在70~90m,且未衬砌段应做好喷锚和监控量测,当变形稳定后应立即衬砌。

8.5.6 竖井与斜井上下

(1)主要危险源:高处坠落、物体打击。
(2)管理要点:
①竖井井口平台应比地面至少高出0.5m,有严密的井盖。
②当工作面附件或井筒未衬砌部分发现有落石,支撑发响或大量涌水时,工作面人员应立即从安全梯或使用提升设备撤出井外,并报告有关部门处理。
③吊桶升降机运送人员的速度不得超过5m/s,无稳绳段不得超过1m/s;运送石渣及其他材料不得超过8m/s,无稳绳段不得超过2m/s;运送爆破器材时,不得超过1m/s。

8.5.7 通风、防尘

(1)主要危险源:有毒气体、粉尘。
(2)管理要点:
①现场应配置气体检测仪,具有检测含氧量、有毒有害气体、易燃易爆气体指标的功能,一般情况下每天检测应不少于2次。
②粉尘允许浓度:每立方米空气中,含有10%以上游离二氧化硅的粉尘必须在2mg以下。
③隧道内的气温不宜超过28℃;氧气不得低于20%(按体积计);有害气体含量应满足规范要求;隧道内的噪声不得超过90dB。
④隧道进尺达到150m时,必须安装送排风设备,确保隧道内作业环境和作业人员安全。
⑤施工时宜采用湿式凿岩机钻孔,用水炮泥进行水封爆破以及湿喷混凝土喷射等有利减少粉尘的施工工艺。

8.5.8 照明、排水、防火

(1)主要危险源:车辆伤害、火灾、触电、淹溺。
(2)管理要点:

①隧道内用电线路,均应使用防潮绝缘导线,并按规定的高度用瓷瓶悬挂牢固。

②隧道内各部的照明电压应为:开挖、支撑及衬砌作业地段为12~36V;成洞地段为110~220V;手提作业灯为12~36V。

③隧道内的用电线路和照明设备必须设专人负责检修管理,检修电路与照明设备时应切断电源。

④在有地下水排出的隧道,必须挖凿排水沟,当下坡开挖时应根据涌水量的大小,设置大于20%涌水量的抽水机具予以排出。

⑤抽水设备宜采用电力机械,不得在隧道内使用内燃抽水机。

⑥隧道开挖中如预计要穿过涌水地层,宜采用超前钻孔探水,查清含水层厚度、岩性、水量、水压等,为防治涌水提供依据。

⑦如发现工作面有大量涌水时,应立即令作业人员停止工作,撤至安全地点。

⑧各作业区等均应设置有效且数量足够的消防器材,并设明显的标志,定期检查、补充和更换,不得挪作他用。

⑨洞内及各硐室不得存放汽油、煤油、变压器油和其他易燃物品。清洗风动工具应在专用硐室内,并设置外开的防火门。

8.5.9 通过煤层、瓦斯区

(1)主要危险源:瓦斯爆炸、坍塌、火灾。

(2)管理要点:

①施工通风系统应能每天24h不停地连续运转,保证瓦斯在空气中含量不超标。任何人员进入隧道必须接受检查,严禁将火柴、打火机及其他可自燃的物品带入洞内。

②电灯照明应注意电压不得超过110V,输电线路必须使用密闭电缆,灯头、开关、灯泡等照明器材必须采用防爆型,开关必须设置在送风道或洞口。

③掘进工作面风流中的瓦斯浓度达到1%时,必须停止电钻打眼;达到1.5%时,必须停止工作,撤出人员,切断电源,进行处理;放炮地点附近20m以内风流中瓦斯浓度达到1%时,严禁装药放炮;电动机附近20m以内风流中的瓦斯浓度达到1.5%时,必须切断电源停止运行;掘进工作面的局部瓦斯积聚浓度达到2%时,其附近20m内必须停止工作,切断电源。

④因超过瓦斯浓度规定而切断电源的电气设备,必须在瓦斯浓度降低到1%以下时方可开动;使用瓦斯自动检测报警断电装置的掘进工作面只准人工复电。

⑤瓦斯隧道中的机具,如电瓶车、通风机、电话机、放炮器等,必须采用防爆型。

⑥有瓦斯的隧道,每个洞口必须设专职瓦斯检查员。一般情况下每小时检测一次,并记录。检测瓦斯的检定器应每季度校对一次。

⑦通风必须采用吹入式。通风主机应有一台备用机,并应有两路电源供电。通风机停止时,洞内全体人员必须撤至洞外。

⑧隧道内严禁一切可以导致高温与发生火花的作业。

⑨隧道施工时必须配备必要的急救和抢救的设备和人员。施工人员必须具有防止瓦斯爆炸方面的安全知识。

8.6 改建工程

8.6.1 边通车、边施工路段

(1)主要危险源:车辆伤害、物体打击、坍塌。
(2)管理要点:
①边通车、边施工路段两端及中途出入口处,应设专职人员指挥交通。
②挖除旧路路基、路面路段一定安全距离外,应竖立显示正在施工的警告标志。改建施工作业范围的边缘,在夜间应悬挂警示灯、设置反光标志。
③改建工程与通车相邻的一侧或两侧,要用红白相间的栏杆等隔离设施进行隔离。
④道路清洁人员必须穿带有反光条纹的,具有警示标志作用的工作背心,方可上路作业。
⑤半幅通车路段,在车辆驶入(出)前方应设置指示方向和减速慢行的标志。同时在施工作业区的两端及其延伸一定的安全距离外,设置明显的路栏、隔离墩等,夜间要在路栏上加设警示灯。半幅施工的路段不宜过长,高速公路工程不超过3km,其他工程需酌情减少。
⑥在原地拆除旧桥(涵),重建新桥(涵)时,应先建好通车便桥(涵)或渡口。在旧桥的两端应设置路栏,夜间应在路栏上悬挂警示灯,并在路肩上竖立通向便桥或渡口的指示标志。

8.6.2 跨线桥及通道桥涵

(1)主要危险源:物体打击、高处坠落、车辆伤害。
(2)管理要点:
①在公路、铁路路基附近挖基、钻孔时,不得损坏公路、铁路的各种信号设施,不得影响行车的瞭望视线。作业处应设围栏、支撑及其他安全防护措施。
②确需设置安全通道满足车辆通行的,应设限高装置。
③通道口夜间要有指示灯具,施工地段附近要按距离逐级做好提前警示和提醒。
④边通车边施工时,必须配备专职交通疏导指挥人员。上岗时必须穿戴反光背心,配备对讲设备。

8.7 交通工程

8.7.1 一般路段路基护栏

(1)主要危险源:机械伤害。
(2)管理要点:
①打桩作业时,在施工路段两侧须设置警示标志。
②打桩机应由专人操作,在打桩过程中不得离开驾驶室。
③打桩时不得用手扶正立柱,应使用套管等器具。
④桩锤启动前应使桩锤、桩帽和桩在同一轴线上,不得偏心打桩。

8.7.2 桥梁护栏和临崖、临水路段路基护栏

(1)主要危险源:机械伤害、高处坠落。
(2)管理要点:
①安装桥梁金属护栏时,作业人员和未完全固定的构件应采取预防坠落的措施。
②搭设临边防护支架时外侧必须安装临边防护栏杆;跨越通车公路、铁路时应采用阻燃式密目网封闭。
③桥梁护栏和临崖、临水路段路基护栏临边作业时,施工人员必须使用安全带;路侧施工遇有6级以上大风时应停止作业。

8.7.3 交通标志

(1)主要危险源:机械伤害、高处坠落、物体打击。
(2)管理要点:
①安装标志过程中,标志垂直下方禁止站人,标志上、横梁上禁止人员作业。
②安装标志立柱或整体标志时宜采用轮胎式起重机起吊。采用轮胎式起重机吊装时,应遵守其安全规定;采用支架组立时,各方向的缆风绳应绑扎牢固。
③作业人员应戴安全帽,高空作业应系安全带;高空作业所有料具应放置稳妥,禁止抛掷;严禁酒后登高作业。
④在电力线附近吊装时,起重机必须接地良好,与电力线的最小安全距离要满足电力行业有关规定。

8.7.4 交通标线

(1)主要危险源:机械伤害、烫伤、中毒。
(2)管理要点:
①施工人员应配备必要的劳动保护用品,必要时穿防护服和戴防毒面具、保护手套等。
②随车应携带灭火器等消防器材。
③施工场所应通风良好,隧道内施工必须进行通风。
④对于通车路段的标线施划,应注意交通安全警示设置及交通管制。

8.8 水运工程

8.8.1 水上临时设施

(1)主要危险源:地基沉陷、建筑物垮塌、淹溺。
(2)管理要点:
①采用工程结构作临时工作平台时,应按施工期间可能出现的最不利荷载组合进行核算。
a. 水上工作平台应稳固。顶部应满铺面板,面板与下部结构连接应牢固,悬臂板应采取有效的加固措施。

b. 水上工作平台顶面的四周,应设置高度不低于1.2m的安全护栏。人员上下的爬梯应牢固,梯阶间距宜为20cm。平台上作业场地的大小,应充分考虑施工人员的作业安全。

c. 水上工作平台应设置安全警示标志和必要的救生器材。

②水上临时人行跳板,宽度不宜小于60cm,跳板的强度和刚度应满足使用要求。跳板应设置安全护栏并张挂安全网,跳板端部应固定和系挂,板面应设置防滑设施。

③浅滩、水下暗礁和障碍物等应设置明显的安全警示标志。

8.8.2 水下爆破

(1)主要危险源:爆炸、物体打击、机械伤害。

(2)管理要点:

①从事爆破工程的施工单位及爆破作业人员必须具有相应的爆破资质证书、作业许可证和资格证书。爆破工程施工必须取得有关部门批准。

②爆破作业前必须发布爆破通告,其内容应包括爆破地点、每次爆破起爆时间、安全警戒范围、警戒标志和起爆信号等。

③水上运送爆破器材和起爆药包应采用专用船。当采用普通船舶时,应采取防电、防振及隔热措施,并应避免剧烈的颠簸或碰撞。

④裸露药包临时存放应置于爆破危险区外远离建筑物、船舶和人群的专用船或陆地上,且应派专人看守。

⑤水下爆破引爆前,潜水员必须回到船上,警戒区内的所有船舶和人员必须撤至安全地点。

⑥水下钻孔爆破采用边钻孔边装药的施工方法,必须采取可靠的隔绝电源和防止钻孔错位等安全措施。

⑦采用钻孔爆破船施工时,临时存放的炸药和雷管必须分舱放置,严禁混放。

⑧发现盲炮应立即进行安全警戒,并及时报告处理。电力起爆发生盲炮应立即切断电源并将爆破网路短路。

⑨水下爆破装药前,应及时掌握气象、水文资料。遇以下恶劣天气、水文情况时,应停止爆破作业,所有人员应立即撤到安全地点。

a. 热带风暴或台风即将来临。

b. 雷电、暴雨雪来临。

c. 雾天能见度不超过100m。

d. 风力超过6级,浪高大于0.8m。

e. 水位暴涨暴落。

8.8.3 水下焊接

(1)主要危险源:触电、淹溺。

(2)管理要点:

①水下焊接时潜水员绝缘装备应详细检查,确保完好。

②在焊接回路中必须安装一个闸刀开关,闸刀由专职电工掌管,进行焊接时必须断电。

③必须严格控制闸刀开关,未接到水下潜水员的口令,严禁接通或切断电源,接到潜水员的口令后,应先重复口令再执行闸刀开关通断作业。

8.8.4 预制构件吊运和安装

(1)主要危险源:物体打击、高处坠落、淹溺。
(2)管理要点:
①大型或复杂的构件安装应编制专项施工方案,并进行首件施工。
②大型构件起吊后,船舶、机械设备操作人员不得离开工作岗位,构件在悬吊状态下不得长时间停滞。
③受风浪影响的梁、板、靠船构件等安装后,应立即采取加固措施,避免坠落。
④用自动脱钩起吊的块体在吊安过程中严禁碰撞任何物体。
⑤吊安大型水下混凝土构件的吊具宜采用锻造件。采用焊接件时须对焊口进行探伤和材质检验。
⑥扶壁安装后应及时采取回填等防止扶壁倾覆的措施。

8.8.5 桩基施工

(1)主要危险源:构件失稳、设备倾覆、地基沉陷。
(2)管理要点:
①船舶在陆域设置的地锚的抗拉力应满足使用要求。地锚和缆绳通过的区域应设立明显的安全警示标志,必要时有专人看守。
②作业人员必须沿爬梯或乘坐电梯笼上下桩架。
③打桩过程中,作业人员严禁手拉、脚蹬运行中的滑轮、钢丝绳等。
④打桩船作业时应随时观察锚缆附近的情况,注意其他作业船舶和人员的动态。移船时锚缆不得绊桩。如桩顶被水淹没,应设置高出水面的安全警示标志。
⑤水上悬吊桩锤沉桩应设置固定桩位的导桩架和工作平台。导桩架和工作平台应牢固可靠,并在工作平台的外侧设置安全护栏。

8.8.6 深基坑支护及开挖

(1)主要危险源:基坑坍塌、机械伤害、涌水涌泥。
(2)管理要点:
①深度大于等于2.0m的基坑应设置临边防护设施。深度大于等于5.0m的基坑,或虽未达到5.0m但地质条件和周围环境复杂、地下水位在坑底以上的基坑,应制订开挖及支护专项施工方案。
②基坑周围的机械设备和堆存的物料等距基坑边缘的距离必须满足边坡稳定或设计的要求。
③板桩围堰的基坑必须按支护结构设计和降排水要求分层支护、分层开挖,在支撑结构未形成前严禁超挖。
④成槽施工中泥浆大量流失或槽壁严重坍塌必须立即停机,并及时采取处理措施。

⑤沉井施工前,应掌握工程水文和地质资料,编制专项施工方案。毗邻的高压电线杆、固定式机械设备和永久性建筑物等应进行沉降、位移监测。

⑥沉井施工作业区的四周应设置安全防护设施和警示标志。

⑦拆除沉井刃角侧模和垫层时,作业人员必须站在刃角外作业,严禁作业人员进入底梁或隔墙下。

⑧基坑四周应设置挡水围堰、排水沟和安全护栏。

8.8.7 疏浚与吹填工程

(1)主要危险源:构筑物失稳、围堰溃坝、淹溺。

(2)管理要点:

①工程开工前,陆地吹填区域应设置安全警示标志。

②疏浚施工中挖到危险或不明物应及时报告有关部门,不得随意处置。

③疏浚船舶在库区、坝区下游或回水变动区施工应预先了解水库调度运行方式。

④水上建筑物附近疏浚作业应根据设计要求制订专项施工方案。

⑤根据不同挖泥船作业特点,应特别注意:

a. 耙吸式挖泥船。清除耙头杂物应携带通信工具并设专人监护;遇有不良工况船身摇晃较大时,吹填作业应立即停止;检查或修理泥浆浓度伽马检测仪必须由具有相应资格的厂家和专业人员进行。

b. 绞吸式挖泥船。清理绞刀或吸泥口障碍物应关闭绞刀动力源开关,锁定桥架保险销,排净回路水。作业人员应携带通信工具,并设专人监护;受风、浪影响停工时,船舶必须下锚停泊,严禁沉放定位钢桩。

c. 链斗式挖泥船。清除泥井中障碍物时严禁斗链运转和斗桥移动。作业人员进入泥井前,必须清除泥井上方可能坠落的物体。作业时必须设专人监护。斗、链拆装前应显示船舶减速信号,插牢链斗保险装置;启用吊车作业应指定专人统一指挥,明确指挥信号。

d. 抓斗式挖泥船。抓泥作业前,抓斗机操纵人员应预先发出警示信号,人员不得进入其作业半径范围内;检修吊臂或其他属具应将吊臂放于固定支架上,并停车、断电、悬挂"禁止启动"安全警示标志。

⑥吹泥船的吸泥管堵塞后应关闭泵机并在操纵台上悬挂"禁止启动"安全警示标志,清除堵塞物应设专人监护。

⑦泥驳运输不得超载;卸泥时,泥驳不得在横浪或转向航行过程中卸泥。

⑧在通航水域沉放水下排泥管线必须申请发布"航行通告",并设置警戒船只;排泥管线需通过桥孔、桩群时,排泥管应采取固定措施。

8.8.8 施工船舶作业

(1)主要危险源:淹溺、船舶搁浅、触礁、碰撞。

(2)管理要点:

①施工船舶必须在核定航区或作业水域内施工。施工船舶应按规定配备有效的通信、消防、救生、堵漏设备,制订各项安全技术措施及应急预案,并定期进行演练。

②施工船舶的梯口、应急场所等应设有醒目的安全警示标志。楼梯、走廊、通道应保持畅通。

③作业、航行或停泊时,施工船舶应按规定显示号灯或号型。

④船舶甲板、通道和作业场所应根据需要设有防滑装置。在大风浪中航行或冰冻天气作业时,甲板、通道和作业场所应增高临时安全护绳。上下船舶应安设跳板,张挂安全网。使用软梯上下船舶应设专人监护,并备有带安全绳的救生圈。

⑤施工船舶不得在未成型的码头、墩台或其他构筑物上系挂缆绳。陆域带缆必须检查地锚的牢固性。缆绳通过的地段,必须悬挂安全警示标志,必要时设专人看护。

⑥在狭窄水道或来往船舶较多的水域施工时,通信应有专人值守并及时沟通避让方式。

⑦舷外作业应设置安全可行的工作脚手架或吊篮。

⑧施工船舶的封闭处所作业应配备必要的通风器材、防毒面具、急救医疗器材、氧气呼吸装置等应急防护设备或设施。

⑨在封闭处所内动火作业前,动火受到影响的舱室必须进行测氧、油气、清舱、测爆。通风时,严禁输氧换气。作业时,必须将气瓶或电焊机放置在封闭处所外。

8.8.9 大风天气作业

(1)主要危险源:淹溺、船舶搁浅、触礁、碰撞。

(2)管理要点:

①施工船舶的抗风能力应满足施工水域工况条件。

②施工船舶应适度加长锚缆。风浪、流压较大时应及时调整船位。

③施工船舶的门窗、舱口、孔洞的水密设施应完好,排水系统应畅通,管系阀门等应灵活有效。

④施工船舶上的桩架、起重臂、桥架、钩头、桩锤、抓斗和挖掘机、起重机等主要活动设备均应备有封固装置。

⑤施工船舶应加强起重臂、打桩架、定位钢桩、臂架和锚缆等设施的观察,风浪可能对船舶或设备造成威胁时,应停止作业。

8.8.10 能见度不良天气作业

(1)主要危险源:淹溺、船舶搁浅、触礁、碰撞。

(2)管理要点:

①船舶雾航停航通告发布后,必须停止航行。

②自航施工船舶应预先了解、掌握航标布设、通航密度、船舶活动规律和锚泊船只的分布情况及航道边缘以外水深。

③船舶航行时,驾驶人员应按规定鸣放雾号,减速慢行,注视雷达信息,并派专人进行瞭望。

④航行中突然遭遇大雾应立即减速,并测定船位。

8.9 房建装修工程

(1)主要危险源:高处坠落、物体打击、中毒、火灾。
(2)管理要点:
①油漆施工场地应有良好的通风条件,如在通风不良的场地施工时,必须安装通风设备方能施工。油漆仓库应通风良好,不准住人且明火不得进入,并设置灭火器等消防器材和"严禁烟火"的标志。仓库与其他建筑应保持一定的安全距离。
②罐体或喷漆作业机械应安装导电接地装置。在配料或提取易燃品时不得吸烟,浸擦过清油、清漆、油的棉纱、擦手布不得随意乱丢,应全部收集存放在专用的金属箱内,集中销毁。
③室内涂刷大面积场地时,照明和电气设备必须按防火等级规定进行安装。
④对树脂类防腐蚀工程施工,操作人员应进行体格检查,患有气管炎、心脏病、肝炎、高血压以及对某些物质有过敏反应的,均不能安排其参加施工。采用毒性较大的材料施工时,应督促施工操作人员穿戴好防护用品,并适当增加操作人员的工间休息。施工前制订有效的安全防护措施,并执行安全技术及劳动防护制度。
⑤玻璃作业人员在搬运时应戴手套或用布、纸包住边口锐利部分,以防玻璃划伤;裁玻璃时应在规定场所进行,边角料要集中堆放,并集中处理。安装窗扇玻璃时要按顺序依次进行,不得在垂直方向的上下两层同时作业。
⑥吊顶、涂饰等施工活动支架应牢固、平稳,移动操作平台面积不应超过$10m^2$,高度不应超过5m,平台作业面不得超出底脚。
⑦外墙抹灰工程施工时,不得随意拆除、斩断脚手架的拉结,不得随意拆除脚手架上的安全设施。如妨碍施工必须经施工负责人批准,并进行相应的加固补救措施后方可拆除妨碍部位。易燃装饰材料堆放处禁止吸烟,并配备相应的灭火器材;施工中避免垂直立体交叉作业;加工切割石材板时,不要两人面对面作业,尤其在使用切砖机、磨砖机、锯片机时,要防止锯片破碎、石渣飞溅伤害眼睛。

8.10 特种设备管理

(1)特种设备是指涉及生命安全,危险性较大的锅炉、压力容器(含气瓶)、压力管道、电梯、起重机械、架桥机、滑升模板、场(厂)内专用机动车辆等设备,以及使用单位自行设计、制作具有特种使用功能、大型的施工设备。
(2)特种设备安全控制要求。
特种设备的安全管理必须明确以下安全控制要点:
①特种设备生产、使用单位的主要负责人应当对本单位特种设备的安全和节能全面负责。
②使用单位应根据情况设置特种设备安全管理机构或配备专职、兼职的特种设备管理人员。
③特种设备安全管理制度。
a.特种设备安全责任制:包括各职能部门安全责任制和各岗位安全责任制。

b. 特种设备安全规章制度:包括特种设备安装使用、维护保养、监督检查管理制度;特种设备隐患排查和整改制度;特种设备报检制度;特种设备安全培训制度;特种设备安全技术交底制度;特种设备事故应急救援制度等。

c. 特种设备安全操作规程:根据特种设备种类以及相关的法规、安全技术规范的要求,编制特种设备各岗位安全操作规程。

d. 特种设备应急预案:配备相应的抢险装备和救援物资;每年至少组织一次救援演练,明确应急救援措施,并认真组织技术交底和演练。

(3)特种设备的使用:

①特种设备使用单位应当在设备投入使用前或者投入使用后30天内到设备所在直辖市或设区的市以上的特种设备安全监督管理部门办理特种设备使用登记。登记标志应当置于或者附着于该特种设备的显著位置。

②特种设备行政许可变更。特种设备停用、注销、过户、迁移、重新启用应到特种设备安全监督管理部门办理相关手续。

(4)特种设备投入使用前,使用单位应核对其安全技术规范要求的设计文件、产品质量合格证明、安装及使用维修说明、监督检验证明等文件。

(5)设备安装与拆除应委托具有专业资质的安装单位进行,并制订完善安装与拆除专项施工方案,健全管理制度、责任制度及紧急处理措施。

(6)对于尚无相关国家标准或者行业标准的特种设备,使用单位应组织特种设备管理部门、设计单位、安装单位、建设单位、监理单位等通过试运行进行联合验收。使用承租的机械设备和施工机具及配件的,由承租单位、出租单位和安装单位共同进行验收,验收合格后向当地特种设备安全监督管理部门提出使用申请,经批准后方可使用。

(7)特种设备需按特种设备安全监督管理部门的定期检验规定进行检验并换证。特种设备应进行日常维护保养,并定期自行检查。对在用特种设备应当至少每月进行一次自行检查,并做出记录。对在用特种设备的安全附件、安全保护装置、测量调控装置及有关附属仪器仪表进行定期校验、检修,并做出记录。

(8)建立特种设备使用前检查记录表、特种设备台账、特种设备附件台账、特种设备作业人员登记台账。

(9)施工单位建立特种设备安全技术档案。安全技术档案应当包括以下内容:

①特种设备的设计文件、制造单位、产品质量合格证明、使用维护说明等文件以及安装技术文件和资料。

②特种设备的定期检验和定期自行检查的记录。

③特种设备的日常使用状况记录。

④特种设备及其安全附件、安全保护装置、测量调控装置及有关附属仪器仪表的日常维护保养记录。

⑤特种设备运行故障和事故记录。

(10)特种设备在使用前,必须进行关键部位和运行环境安全性检查,必要时应进行试车。此项安全检查应经专职安全员签字认可,必要时要有专人负责安全旁站。

(11)特种设备操作人员必须经过专门的安全作业培训,并取得特种作业操作资格证书后,方可上岗作业。

(12)特种设备现场安全管理。

①悬挂使用登记证。特种设备使用登记证(可使用复印件)应置于特种设备旁边。

②安全标志的张贴:

a. 电类合格标志。电梯等特种设备的检验合格标志应置于易为乘客注意的显著位置;起重机检验合格标志应张贴在该设备的电源控制箱的空白处;叉车的检验合格标志应张贴在叉车的显眼位置。

b. 警示标志、安全注意事项。电梯等特种设备的警示标志、安全注意事项应置于易为乘客注意的显著位置。

c. 禁用标志。特种设备停用后,应将设备的电源断开,在设备显眼的地方张贴"禁止使用"的标志。

d. 压力管道标志。在压力管道显眼地方,应标明管道的介质名称及介质流向。

③重点监控特种设备标志。纳入本单位安全管理重点监控的特种设备,应在设备明显位置,标注"重点监控特种设备"。

④特种设备管理制度、责任制、操作规程的张贴。将特种设备管理制度、责任制、操作规程张贴到相应的部门、工作岗位、特种设备使用场所。

⑤设备安全运行情况。

(13)不得使用的特种设备:

①属国家明令淘汰或者禁止使用的。

②超过制造厂家规定使用年限的。

③经检验达不到安全技术标准规定的。

④没有完整安全技术档案的。

⑤没有齐全有效的安全保护装置的。

⑥其他不符合使用规定的。

9 安全生产应急管理

安全生产应急管理是指为加强对生产安全事故的应急防范,有序指导应急反应行动,保证应急资源处于良好的备战状态,及时做好事故发生后的救援处置工作。本章主要介绍了应急管理原则、应急管理的基本任务、机构建设、启动、救援与恢复、生产安全事故等级、报告程序、事故报告内容等。提高项目应对安全生产事故的能力,最大限度地减少事故损失,有效避免和降低人员伤亡,以实现应急反应行动的快速、有序、高效。

9.1 应急管理原则

(1)以人为本,安全第一。把保障公众的生命安全和身体健康、最大程度地预防和减少突发事件造成的人员伤亡作为首要任务,切实加强应急救援人员的安全防护。

(2)统一领导,分级负责。在政府应急管理组织的协调指挥下,各相关单位按照各自的职责和权限,负责应急管理和应急处置工作。在项目办统一领导下,各参建单位做好本区域的应急管理工作。企业要认真履行安全生产责任主体的职责,建立与政府应急预案和应急机制相匹配的应急体系。

(3)预防为主,防救结合。贯彻落实预防为主,预防与应急相结合的原则。做好预防、预测、预警和预报工作,做好常态下的风险评估、物资储备、队伍建设、完善装备、预案演练等工作。

(4)快速反应,协同应对。加强项目应急队伍建设,加强区域合作和部门合作,建立协调联动机制,形成统一指挥、反应灵敏、功能齐全、协调有序、运转高效的应急管理快速应对机制。充分发挥专业救援力量的骨干作用和社会公众的基础作用。

(5)社会动员,全民参与。发挥政府的主导作用,发挥企事业单位、社区和志愿者队伍的作用,动员企业及全社会的人力、物力和财力,依靠公众力量,形成应对突发事件的合力。同时,增强公众的公共安全和风险防范意识,提高全社会的避险救助能力。

(6)依靠科学,依法规范。采用先进的救援装备和技术,充分发挥专家作用,实行科学民主决策,增强应急救援能力;依法规范应急管理工作,确保应急预案的科学性、权威性和可操作性。

(7)信息公开,引导舆论。在应急管理中,要满足社会公众的知情权,做到信息透明、信息公开,但是,涉及国家机密、商业机密和个人隐私的信息除外。不仅如此,还要积极地对社会公众的舆情进行监控,了解社会公众的所思、所想、所愿,对舆情进行正确、有效引导。

9.2 应急管理的基本任务

(1)预防准备。应急管理的首要任务是预防突发事件的发生。要通过应急管理预防行动和准备行动,建立突发事件源头防控机制,建立健全应急管理体制、制度,有效控制突发事件的发生,做好突发事件应对工作准备。

(2)预测预警。及时预测突发事件的发生并向社会预警,是减少突发事件损失的最有效措施,也是应急管理的主要工作。采取传统与科技手段相结合的办法进行预测,将突发事件消除在萌芽状态。一旦发现不可消除的突发事件,及时向社会预警。

(3)响应控制。突发事件发生后,能够及时启动应急预案,实施有效的应急救援行动,防止事件的进一步扩大和发展,是应急管理的重中之重。特别是发生在人口稠密区域的突发事件,应快速组织相关应急职能部门联合行动,控制事件继续扩展。

(4)资源协调。应急资源是实施应急救援和事后恢复的基础,应急管理机构应该在合理布局应急资源的前提下,建立科学的资源共享与调配机制,以有效利用可用资源,防止在应急中出现资源短缺的情况。

(5)抢险救援。确保在应急救援行动中,及时、有序、科学地实施现场抢救和安全转送人员,以降低伤亡率、减少突发事件损失是应急管理的重要任务。特别是突发事件发生的突然性,发生后的迅速扩散以及波及范围广、危害性大的特点,要求应急救援人员及时指挥和组织群众采取各种措施进行自身防护,并迅速撤离危险区域或可能发生危险的区域,同时在撤离过程中积极开展公众自救与互救工作。

(6)信息管理。突发事件信息的管理既是应急响应和应急处置的源头工作,也是避免引起公众恐慌的重要手段。应急管理机构应当以现代信息技术为支撑,如综合信息应急平台,保持信息的畅通,以协调各部门、各单位的工作。

(7)善后恢复。应急处置后,应急管理的重点应该放在安抚受害人员及其家属、稳定局面、清理受灾现场、尽快使系统功能恢复或者部分恢复上,并及时调查突发事件的发生原因和性质,评估危害范围和危险程度。

9.3　应急队伍建设

项目参建单位应按照应急预案要求,建立应急救援组织或者配备应急救援人员,明确兼职应急救援队伍人数。原则上,合同价不大于5 000万元的,人数不少于15人;5 000万元以上的,合同价每增加3 000万元,人数增加5人。

项目参建单位应配备必要的应急救援器材、设备,并定期组织演练。

9.4　应急启动、救援与恢复

(1)应急启动主要工作
①成立领导小组,启动应急预案。
②各专业小组就位,并立即运转(如指挥组、专家组、现场救援组、医疗组、后勤保障组、宣传组等)。
③现场指挥到位。
④应急资源调配。
(2)应急救援主要工作

①人员救助。
②工程抢险。
③警戒与交通管制。
④医疗救护。
⑤人员疏散和环境保护。
⑥现场监测。
（3）应急恢复主要工作
①现场清理。
②解除警戒。
③善后处理。
④事故调查。

9.5　生产安全事故等级

根据国务院《生产安全事故报告和调查处理条例》（2007年国务院令第493号）规定，按照生产安全事故造成的人员伤亡或者直接经济损失，事故一般分为以下等级：

（1）特别重大事故，是指造成30人以上死亡，或者100人以上重伤（包括急性工业中毒，下同），或者1亿元以上直接经济损失的事故；

（2）重大事故，是指造成10人以上30人以下死亡，或者50人以上100人以下重伤，或者5 000万元以上1亿元以下直接经济损失的事故；

（3）较大事故，是指造成3人以上10人以下死亡，或者10人以上50人以下重伤，或者1 000万元以上5 000万元以下直接经济损失的事故；

（4）一般事故，是指造成3人以下死亡，或者10人以下重伤，或者1 000万元以下直接经济损失的事故。

上文所称"以上"包括本数，所称的"以下"不包括本数。

9.6　生产安全事故报告程序

（1）事故发生后，事故现场有关人员应当立即向本单位负责人报告；单位负责人接到报告后，应当于1小时内向事故发生地县级以上人民政府安全生产监督管理部门和负有安全生产监督管理职责的有关部门报告。

（2）情况紧急时，事故现场有关人员可以直接向事故发生地县级以上人民政府安全生产监督管理部门和负有安全生产监督管理职责的有关部门报告。

（3）事故发生后，施工单位还应立即报告监理、建设单位；监理单位得到信息后，应立即向建设单位报告；建设单位应向当地交通运输主管部门和项目质量安全监督机构报告。

（4）安全生产监督管理部门和负有安全生产监督管理职责的有关部门逐级上报事故情况，每级上报的时间不得超过2小时。

9.7 生产安全事故报告内容

(1)事发项目的简要概况;
(2)事故发生的时间、地点以及事故现场情况;
(3)事故的简要经过和当前状态;
(4)事故已经造成或者可能造成的伤亡人数(包括下落不明的人数)和初步估计的直接经济损失;
(5)已经采取的措施;
(6)对事态发展的初步评估(如有);
(7)报告人(或单位)姓名(名称)、联系方式;
(8)其他应当报告的情况。

9.8 其他

(1)事故发生地有关地方人民政府、安全生产监督管理部门和负有安全生产监督管理职责的有关部门接到事故报告后,其负责人应当立即赶赴事故现场,组织事故救援。

(2)事故发生后,有关单位和人员应当妥善保护事故现场以及相关证据,任何单位和个人不得破坏事故现场、毁灭相关证据。因抢救人员、防止事故扩大以及疏通交通等原因,需要移动事故现场物件的,应当做出标志,绘制现场简图并做出书面记录,妥善保存现场重要痕迹、物证。

(3)事故报告后出现新情况的,应当及时补报。自事故发生之日起30日内,事故造成的伤亡人数发生变化的,应当及时补报。道路交通事故、火灾事故自发生之日起7日内,事故造成的伤亡人数发生变化的,应当及时补报。

(4)出现事故先兆或重大险情时,施工或监理单位发现后应立即报告建设单位,同时组织抢险或避险工作。建设单位接报告后应立即采取应对措施,同时向本单位安全生产主要负责人详细报告出险时间、地点、险情和可能后果,原因分析,现场处理险情的措施和当时的效果。建设单位上报重大险情表格详见附录4皖交安表-35。

10 安全生产费用管理

安全生产费用的有效投入是安全生产的基本保证。建立安全生产投入长效机制,能够改善施工作业条件,减少施工伤亡事故,切实保障施工人员人身安全。本章明确了安全生产费用的计取、使用范围、使用与计量程序及监督管理等。

10.1 定义与管理的原则

(1)安全生产费用是指公路水运工程施工单位按照有关规定和施工安全标准,用于施工安全防护用具及设施的采购和更新、安全施工措施的落实、安全生产条件的改善、加强安全生产管理等所需的费用。

(2)安全生产费用管理坚持"规范计取、合理计划、计量支付、确保投入"的原则。

(3)建设单位在编制工程招标文件时,应明确安全生产专项费用的总金额或比例、预付金额或比例、计量支付方式与时限、具体使用要求、调整方式等条款。

10.2 计取

(1)编制工程概(预)算时,建设单位应当依据公路水运工程基本建设项目概算预算编制办法规定费率,计列安全及文明施工措施费。

(2)建设单位在编制工程招标文件时,应当明确施工安全生产条件及作业环境,确定所需的安全生产费用,单列安全生产费用项目清单。建设单位对工程项目的安全防护、安全施工有特殊要求需增加安全生产费用的,应当在招标文件中予以明确,并在安全生产费用项目清单中增列相应项目及费用。

(3)施工单位应当按照招标文件计列的安全生产费用项目清单报价,安全生产费用以建筑安装工程造价为计提依据,公路工程、港口与航道工程的安全生产费用总额不得低于建筑安装工程造价的1.5%,附属的房屋建筑工程不得低于建筑安装工程造价的2%,且不得作为竞争性报价,不得删减,列入标外管理。国家对基本建设投资概算另有规定的,从其规定。

(4)安全生产经费以清单计量为主,个别细目采用总额包干。对于能够以清单计量的细目,数量以现场测量为准。

10.3 使用范围

(1)安全生产费用应当按照有关规定,在以下范围内使用:
①完善、改造和维护安全防护设施设备(不含"三同时"要求初期投入的安全设施)支出,

包括施工现场临时用电系统、洞口、临边、机械设备、高处作业防护、交叉作业防护、防火、防爆、防尘、防毒、防雷、防台风、防地质灾害、地下工程有害气体监测、通风、临时安全防护等设施设备支出；

②配备、维护、保养应急救援器材、设备支出和应急演练支出；

③开展重大危险源和事故隐患评估、监控和整改支出；

④安全生产检查、咨询、评价（不包括新建、改建、扩建项目安全评价）和标准化建设支出；

⑤配备和更新现场作业人员安全防护用品支出；

⑥安全生产宣传、教育、培训支出；

⑦安全生产适用的新技术、新装备、新工艺、新标准的推广应用支出；

⑧安全设施及特种设备检测检验支出；

⑨其他与安全生产直接相关的支出。

(2)安全生产费用实行专款专用。施工单位应当建立健全工程项目安全生产费用管理、计取和使用制度，明确安全生产费用管理、计取和使用的程序、职责及权限。施工单位应当在规定范围内安排使用安全生产费用，不得挪用或挤占。

(3)监理单位应当对施工单位的施工现场安全生产费用使用情况进行监理。

监理单位应严格执行安全生产费用审核程序，据实计量；发现施工单位在施工现场存在安全隐患或未落实安全生产费用的，应当立即要求其整改，施工单位拒不整改的，监理单位可暂时停止工程款的计量支付，并及时向建设单位报告。

(4)建设单位应当至少每季度对施工单位的安全生产费用使用情况进行监督检查。

(5)考评与奖惩。

①建设单位应根据项目实际，在安全生产费用管理办法中明确计量考评与奖惩措施，确保安全投入落到实处。

②建设单位宜设置安全生产奖励专项资金，对安全生产表现突出的施工单位、个人给予奖励。

③对未按工程需要足额投入安全生产费用，以及发生安全责任事故的施工单位应按规定处罚，在工程计量款中扣除。

10.4　计划、使用与计量

(1)建设单位与施工单位应当在施工合同中明确安全生产费用的数额、项目清单、支付计划、使用要求、调整方式等条款。

(2)安全生产费用计划。

①安全生产费用计划包括总体使用计划、年度使用计划、月度使用计划。

②施工单位根据施工内容编制总体使用计划、年度使用计划、月度使用计划，经监理单位审批，报建设单位备案。

(3)安全生产费用的使用。

①施工单位应建立安全生产费用使用台账和发放记录等。

②施工单位每月编制安全生产费用计量报表，同时附采购清单、购置发票作为附件，经项

目部负责人签字盖章后报安全监理工程师审核。

(4)计量审核与支付。

①安全监理工程师收到安全生产费用计量报表后,应当在7日内进行审核,核实无误后予以签字确认。

②建设单位对经监理单位审核的安全生产费用计量报表进行审查后,应按月审核,及时支付。

③安全经费计量报表应附有相对应安全生产费用发票等佐证资料。

(5)施工单位安全生产费用实际投入使用超出合同规定的安全生产费用总额的,经监理工程师审核签字确认后,报送建设单位进行审查,根据合同约定进行计量支付;安全生产费用实际投入使用少于合同中规定的安全生产费用总额的,建设单位不得支付其余额部分。

(6)总承包单位依法将工程分包给其他单位的,总承包单位应当与分包单位在分包合同中明确由分包单位实施的安全防护措施、分包工程安全生产费用及支付等条款,并监督实施。

10.5 监督管理

(1)各级交通运输主管部门对公路水运建设工程安全生产费用计取、支付、使用实施监督管理。

(2)各级交通运输主管部门在工程项目招标投标阶段,应当认真审查招标文件中安全生产费用项目清单单列情况、投标报价按本规定确定安全生产费用情况。

(3)各级交通运输主管部门应当及时受理对公路水运建设工程安全生产费用不按规定计取、支付以及挪用挤占安全生产费用的检举、控告和投诉。

10.6 使用清单

安全生产费用使用清单见表10-1。

安全生产费用使用清单 表10-1

序号	费用大类	清单细目
1	完善、改造和维护安全防护设施设备支出	①施工现场安全防护费。安全防护设施包括:临边、临口、临水等危险部位防坠、防滑、防溺水等设施;防止物体、人员坠落而设的安全网、棚;其他与工程有关的交叉作业防护、防火、防爆、防尘、防毒、防雷、防风、防汛、防台、防地质灾害、有害气体监测、通风、临时安全防护等。 ②警示、照明等灯具费。警示、照明等灯具包括:施工车辆、船舶、机械、构造物的警示灯、危险报警闪光灯、施工区域内夜间警示灯、照明灯等。 ③警示标志、标牌费。警示标志、标牌包括:各类警示、提醒、指示等。 ④安全用电防护费。安全用电设施包括:各种用电专用开关、室外使用的开关、防水电箱、高压安全用具、漏电保护等。 ⑤施工现场围护费。施工现场围护设施包括:改扩建工程施工围挡;施工现场高压电塔、杆围护;施工现场光缆围护等。对施工围挡有特殊要求的路段的围挡费用不在此列。 ⑥其他安全防护设备与设施费。应计入安全生产费用的其他安全防护设备与设施的完善、改造和维护等费用

续上表

序号	费用大类	清单细目
2	配备、维护、保养应急救援器材、设备支出和应急演练支出	①应急救援器材与设备的配备（或租赁）、维护、保养费，这些器材及设备包括：灭火器、消防斧等小型消防器材；急救箱、急救药品、救生衣、救生圈、应急灯具、救援梯、救援绳等小型救生器材与设备。特殊季节或特殊环境下拖轮调遣拖运、警戒船只的租赁费用。救生船、消防车、救护车等大型专业救援设备所发生的相关费用不在此列。 ②应急演练费。由建设单位或施工单位依据应急预案，模拟应对突发事件组织的应急救援活动中，应由施工单位分担或由施工单位自行负责的部分或全部费用
3	重大危险源和事故隐患评估、监控和整改支出	①重大危险源和事故隐患评估费。由建设单位、相关行政主管部门组织的，或者施工单位委托专业安全评估单位对项目重大危险源、重大事故隐患进行评估所发生的相关费用。 ②重大危险源监控费。对项目重大危险源进行日常监控所发生的相关费用。施工监控不在此列。 ③重大事故隐患整改费。根据建设单位、相关行政主管部门或者专业安全评估单位出具的评估报告，对重大事故隐患进行整改所发生的相关费用
4	安全生产检查、咨询、评价和标准化建设支出	①日常安全检查费。施工单位专职安全员日常安全巡视所发生的车辆与相关器材使用费。车辆与器材的购置费用不在此列。 ②专项安全检查费。施工单位聘请专业安全机构或专家对项目安全生产过程中的特殊部位、特殊工艺、特殊设备的施工安全检查所支付的相关费用。 ③安全生产评价费。施工单位聘请专业安全机构或专家对项目专项施工方案、风险评估进行讨论、论证、评估、评价所支付的相关费用。不包括新建、改建、扩建项目安全评价。 ④安全生产咨询、风险评估费。施工单位就安全生产工作中存在的问题向相关专业安全机构、咨询单位或专家进行咨询所支付的相关费用。 ⑤安全生产标准化建设费。施工单位按照有关规定或合同约定开展安全生产方面的标准化建设费用
5	配备和更新现场作业人员安全防护用品支出	①安全防护物品配备费。施工单位根据有关规定在日常施工中必须配备的安全帽、安全绳（带）、手套、雨鞋、工作服、口罩、防毒面具、防护药膏等安全防护物品的购置费用。 ②安全防护物品更新费。施工单位对安全防护用品的正常损耗进行必要补充所产生的费用
6	安全生产宣传、教育、培训支出	①安全生产宣传费。包括制作安全宣传标语、条幅、图片、视频等宣传资料所发生的费用。 ②安全生产教育培训费。包括施工单位对施工人员进行安全技术交底、安全操作规程培训、安全知识教育等支出的课时费；安全报纸、杂志订阅或购置费；安全知识竞赛、技能竞赛、安全专题会议等活动费用；安全经验交流、现场观摩等费用

续上表

序号	费 用 大 类	清 单 细 目
7	安全生产适用的新技术、新标准、新工艺、新装备的推广应用支出	设置门禁系统、监控系统等所发生的费用。增设隧道门禁系统,隧道内风险控制监控系统,桥梁作业面远程监控系统等
8	安全设施及特种设备检测检验支出	①安全设施检测检验费。施工单位对拟投入本项目的安全设施送交或邀请具有相关资质的检测检验机构进行检测检验,并出具相关报告所发生的费用。 ②特种设备检测检验费。施工单位根据有关规定对拟投入本项目的特种设备邀请具有相关资质的检测检验机构进行检测检验,并出具相关报告所发生的费用
9	其他安全生产费用支出	①办公用品费。专职安全员办公用计算机、照相器材等办公必需的设施配备费用。 ②劳务费。保障施工安全,对施工现场进出口部位进行交通管制而雇用交通协管人员进出看护等所支出的人工费用。 ③其他费用。招投标时不可预见的,在施工过程中经建设单位与监理单位认可,可在安全生产费中列支的其他与安全生产直接相关的费用

11 安全生产内业资料管理

完善的内业资料是施工安全管理活动的真实记录,是安全生产经验和教训总结的主要依据,及时的信息报告为事故有效应急救援提供了时间保证。本章依据"平安工地"考核评价标准,明确了建设、监理、施工单位安全管理资料的分类及主要归档内容等。

11.1 内业资料归档原则

内业资料管理遵循"填写全面、真实准确、归档及时"的原则。项目参建单位按要求进行归档,设置内业资料总目录,档案盒应有类别标签、细分标签和卷内目录,以便归档和查阅。

11.2 建设单位内业资料归档内容

建设单位应按照法律法规类、责任落实类、制度管理类、专项工作类和其他类分别建立资料档案。

11.2.1 法律法规类

法律法规类资料主要包括:围绕工程特点所涉及的安全生产法律法规、部门规章、行业规范标准、上级主管部门的有关文件等。

11.2.2 责任落实类

责任落实类资料主要包括:
(1)安全生产组织机构、岗位职责文件、安全生产责任书、建设单位与施工单位或监理单位签订的安全生产合同及相关考核奖惩资料;
(2)项目安全生产管理办法,安全生产责任制、安全检查及隐患排查、教育培训、例会、事故报告、应急管理、平安工地建设、安全奖惩、安全经费、风险评估等制度;
(3)执行国家、行业及上级有关工程安全管理工作要求,执行本单位的制度及要求;
(4)风险评估、专家论证等资料,"三阶段风险分析与预防"资料;
(5)监理单位编制的安全监理计(规)划的报批文件;
(6)工程管理部门、上级主管单位、监理单位及施工单位围绕安全生产的往来文件等;
(7)监理单位及施工单位安全生产信用评价资料等。

11.2.3 制度管理类

制度管理类资料主要包括:

（1）安全费用制度
①招标文件中明确安全生产费用列支的资料；
②安全资金使用计划，施工单位安全生产费用计量报表及审批文件；
③项目办安全资金支付台账等。
（2）安全生产条件管理
①工程项目开工前安全生产条件审查表及要求的附件资料；
②施工过程中，对施工、监理单位履约情况进行不定期检查资料等。
（3）安全检查评价与隐患排查制度
①建设单位安全检查计划、检查台账、日常巡视检查记录；
②特殊时段安全检查、值守记录；
③上级下发的安全隐患整改通知及整改回复文件；
④建设单位下发的安全整改通知，监理、施工单位整改回复文件；
⑤监理巡查上报建设单位备案资料、建设单位月查上报项目质监机构的资料；
⑥月（季）度检查通报、总结及对监理单位及施工单位的定期考评资料等。
（4）教育培训制度
建设单位教育计划、内部管理人员安全培训资料、建设单位组织的其他教育资料等。
（5）应急管理制度
①项目综合应急预案；
②组织应急预案演练资料等。
（6）事故报告制度
①建设单位上报的重大险情报告；
②建设单位上报的安全事故快报；
③安全生产事故处理结论；
④施工单位上报的重大险情报告等。
（7）安全生产会议制度
①安全生产会议纪要；
②重大危险源辨识防控会会议纪要。
（8）危险性较大工程安全管理制度
①危险性较大工程清单；
②督促落实危险性较大的分部分项工程安全管理措施资料等。
（9）安全生产奖惩制度
①安全生产奖惩台账；
②安全生产奖惩文件等。

11.2.4 专项工作类

专项工作类资料主要包括以下几类：
（1）"平安工地"建设方案及考核评价资料。
（2）政府主管部门布置的安全生产专项工作。

①专项工作落实方案及计划；
②专项工作落实资料等。

11.2.5 其他类

其他类资料主要包括：安全生产总结、影像资料及其他相关资料等。

11.3 监理单位内业资料归档内容

监理单位的资料归档应按照法律法规类、责任落实类、制度管理类、专项工作类和其他类分别建立资料档案。

11.3.1 法律法规类

法律法规类资料主要包括：安全生产的法律法规、行业规范标准、部门规章、所属企业有关文件等。

11.3.2 责任落实类

责任落实类资料主要包括以下几类：
（1）安全生产组织机构、岗位职责文件、安全生产责任书；
（2）安全监理工作制度（会议、检查、专项经费审批、隐患督促整改、危险性较大工程方案审查、特种设备复查、应急管理、事故报送等）；
（3）安全监理计（规）划等。

11.3.3 制度管理类

制度管理类资料主要包括以下几类：
（1）专项方案审查制度
①施工组织设计；
②专项施工方案；
③应急预案及演练、风险评估、重大危险源辨识防控措施月报；
④施工单位安全教育计划的上报、审批资料；
⑤安全资金管理资料；
⑥"安管人员"、特种作业人员、特种设备备案资料；
⑦其他开工条件核查所需资料等。
（2）安全检查评价制度与隐患督促整改制度
①监理安全检查台账、安全监理专项检查记录（岗位职责分解落实、设备、材料、人员、危险源辨识和方案等检查）、日常巡查资料；
②开展安全隐患排查资料，隐患台账；
③监理隐患整改通知或指令、施工单位整改回复的资料；
④上级通报、交办的安全检查资料；

⑤"平安工地"自评及对施工单位的定期考评资料；
⑥对施工单位安全教育的检查资料等。

(3)教育培训与人员管理制度
①监理人员名册、证书及考勤表；
②监理人员内部培训教育资料；
③安全监理日志。

(4)安全生产经费审查制度
①施工单位报审的安全生产费用计划；
②施工单位报审的安全生产费用计量报表及监理审核的资料；
③计量台账；
④安全奖惩资料等。

(5)事故报告制度
①施工单位上报的安全事故快报；
②安全生产事故处理结论；
③施工单位上报的重大险情报告等。

(6)安全生产会议制度
①安全生产会议纪要；
②重大危险源辨识防控会会议纪要。

(7)安全生产应急管理制度
①施工单位报审的应急预案资料；
②施工单位报审的应急预案演练资料等。

(8)特种设备复核制度
①特种设备报验资料；
②特种设备管理台账资料等。

11.3.4 专项工作类

专项工作类资料主要包括以下几类：
(1)政府主管部门安全专项工作类资料；
(2)安全专项工作落实资料(方案或工作计划)；
(3)"平安工地"建设方案及考核评价资料等。

11.3.5 其他类

其他类资料主要包括：影像资料、安全生产总结及其他相关资料等。

11.4 施工单位内业资料归档内容

施工单位的资料档案应按照法律法规类、责任落实类、安全条件类、制度管理类、技术管理类、专项工作类及其他类分别建立资料档案。

11.4.1　法律法规类

法律法规类资料主要包括：安全生产的法律法规、部门规章、行业规范标准、所属企业的有关文件等。

11.4.2　责任落实类

责任落实资料主要包括以下几类：
（1）施工单位安全生产许可证、从业人员名册、资格证书、从业人员保险；
（2）安全生产组织机构、安全生产责任制、安全生产责任书等。

11.4.3　安全条件类

安全条件类资料主要包括以下几类：
（1）机械设备台账、特种设备一机一档日常检查、维修保养记录等管理档案、安装拆除单位资质；
（2）大型模板、承重支架及未列入国家特种设备目录的非标设备的专家论证和验收资料；
（3）施工作业手续（跨线施工、交通管制及水上水下作业的相关安全许可手续）等。

11.4.4　制度管理类

制度管理类资料主要是各项安全管理制度并包括以下几类：
（1）安全生产例会制度
①安全生产会议纪要；
②安全生产会议落实资料；
③重大危险源辨识防控会会议纪要；
④安全生产专题会议资料等。
（2）安全教育培训制度
①施工单位劳动用工登记台账，教育培训计划；
②"三级教育"（企业、项目部、班组）安全教育记录、教育记录卡；
③开展一线工人业余学校教育、班前会教育等经常性教育的资料；
④"安管人员"、特种作业人员继续教育（延期培训）的资料等。
（3）安全生产费用管理制度
①安全生产费用总体、年度和月度使用计划及监理单位审批的资料；
②安全生产费用使用台账、物品采购台账（附购置发票）、使用发放记录、监理单位审核的资料；
③计量支付报表及监理单位的审核资料，建设单位签批的计量支付资料等。
（4）危险品安全管理制度
①危险品管理人员及使用人员名册及证书；
②危险品采购台账（附购置发票）；
③危险品出库台账、使用记录；

④爆破工程设计书及施工组织设计、相关审批手续等。
(5)消防安全管理制度
①消防责任区划分及布设图;
②消防器材管理使用台账;
③消防检查、维护资料等。
(6)安全检查评价制度及隐患排查治理制度
①日常安全检查记录,施工安全日志、各级管理部门的检查情况记录;
②项目领导带队检查记录;
③各级隐患整改通知、指令及其回复的资料;
④特殊时期检查、值守资料;
⑤"平安工地"自评资料等。
(7)安全奖惩考核制度
①奖励、处罚文件;
②奖惩台账等。
(8)安全事故调查处理及报告制度
①上报的建设工程生产安全事故统计月报;
②上报的建设工程安全事故快报等资料;
③施工单位对事故采取的应急处置记录及监理单位核证资料和事故结论报告等资料;
④上报的重大险情报告等。
(9)安全技术交底制度
①安全技术交底台账;
②安全技术交底记录表等资料。
(10)分包单位管理考评制度
①分包单位管理资质、职责;
②分包单位考评等资料。
(11)安全生产奖罚制度
①奖惩台账;
②奖惩通报等资料等。
(12)主要负责人带班制度
①带班计划;
②带班记录表等。
(13)劳动防护用品配备与管理制度
①采购、验收登记资料;
②用品发放使用登记等资料。
(14)"三阶段风险分析与预防"制度
①单元预警划分表;
②危险源防控表;
③其他相关资料等。

11.4.5 技术管理类

技术管理类资料主要包括以下几类：
(1)"十类"危险性较大工程专项施工方案、专家评审资料，方案复核性检查资料；
(2)施工组织设计中的安全技术措施及监理单位的批复资料；
(3)安全技术交底制度，明确交底责任人、对象、方法、内容资料，交底记录，交底台账；
(4)风险辨识资料、重大危险源防控方案、月报、风险评估资料、重大危险源告知资料、地质灾害评估资料、"三阶段安全风险分析与预防"资料；
(5)临时用电方案、用电平面图、电工巡视维修保养记录；
(6)各类应急预案及现场应急处置方案监理单位的审批资料；
(7)应急预案培训、演练、总结资料；
(8)应急队伍及应急物资储备资料等。

11.4.6 专项工作类

专项工作类资料主要包括以下几类：
(1)政府主管部门安全专项工作类资料；
(2)安全专项工作落实资料(方案或工作计划)；
(3)"平安工地"建设方案及考核评价资料等。

11.4.7 其他类

其他类资料主要包括：安全生产总结、影像资料及其他相关资料等。

11.5 安全生产用表一览表

安全生产用表一览表见表11-1。

安全生产用表一览表   表11-1

序号	表号	表格名称	备注
1	皖交安表-01	开工前安全生产条件核查表	项目办理监督申请时需提供
2	皖交安表-02	安全生产责任登记表	项目办理监督申请时需提供
3	皖交安表-03	危险性较大分部分项工程清单	项目办理施工许可时需提供
4	皖交安表-04	全员劳动用工登记台账	
5	皖交安表-05	特种作业人员登记台账	
6	皖交安表-06	企业三级安全教育登记表	
7	皖交安表-07	一线工人业余学校教育表	
8	皖交安表-08	班前会教育表	
9	皖交安表-09	特种设备台账	
10	皖交安表-10	特种设备附件台账	

11 安全生产内业资料管理

续上表

序 号	表 号	表 格 名 称	备 注
11	皖交安表-11	特种设备使用前检查记录表	
12	皖交安表-12	起重设备试吊记录表	
13	皖交安表-13	安全生产物资购置台账	
14	皖交安表-14	安全生产物资领用台账	
15	皖交安表-15	消防器材使用管理台账	
16	皖交安表-16	专项施工方案登记台账	
17	皖交安表-17	安全技术交底台账	
18	皖交安表-18	安全技术交底记录表	
19	皖交安表-19	危险源防控表	
20	皖交安表-20	预警单元划分表	
21	皖交安表-21	应急预案登记台账	
22	皖交安表-22	应急预案演练台账	
23	皖交安表-23	应急预案演练记录表	
24	皖交安表-24	安全生产专项检查记录表	
25	皖交安表-25	安全隐患整改通知单	
26	皖交安表-26	安全隐患整改结果回复单	
27	皖交安表-27	公路水运工程事故隐患排查与治理台账	
28	皖交安表-28	施工安全日志	
29	皖交安表-29	电工巡查日志	
30	皖交安表-30	领导带班生产日志	
31	皖交安表-31	夜间施工申请表	
32	皖交安表-32	安徽省公路水运工程安全生产月报表	
33	皖交安表-33	施工安全重大危险源辨识与防控措施月报表	
34	皖交安表-34	事故应急处置记录表	
35	皖交安表-35	安全生产重大险情快报表	
36	皖交安表-36	交通建设工程生产安全事故快报表	

12 "平安工地"考核评价

为完善公路水运工程安全生产管理措施,规范从业行为,落实安全责任,增强工作实效,深入推进"平安工地"建设,有序开展"平安工地"考核评价工作,落实交通运输部《关于开展公路水运工程"平安工地"考核评价工作的通知》(交质监发〔2012〕679号)要求,以全面深化"平安工地"考核评价工作。

12.1 考核要求

12.1.1 考核评价范围

省内新建、改扩建及大修高速公路和水运重点工程项目"平安工地"创建和达标考核评价适用《安徽省公路水运工程"平安工地"考核评价标准(试行)》(以下简称《标准》),其他项目可参照执行。各市及省直管县交通运输主管部门参照《标准》组织开展辖区直接监管项目的考核评价。建设、监理和施工单位参照《标准》组织开展自查考核评价。

12.1.2 考核评价程序

(1)考核评价遵循"分级管理、属地负责"的原则,省交通运输厅负责对全省公路水运工程"平安工地"考核评价工作的指导,具体负责对高速公路和重点水运工程项目考核评价,各市及省直管县交通运输主管部门参照《标准》,负责对辖区直接监管的工程项目组织开展"平安工地"考核评价工作。

(2)考核评价分为示范、达标、不达标三个等级。

(3)工程项目开工前,建设单位应按照《标准》规定内容,认真组织开展项目安全生产条件核查,提出核查意见,并向负责监管的交通运输主管部门报备。严禁安全生产条件不满足要求的工程项目开工建设。

(4)工程项目施工期间,各级交通运输主管部门应按照《标准》,结合日常安全检查,开展"平安工地"考核评价工作。"平安工地"考核评价原则上每年组织一次,7月1日之后开工的项目,由项目法人单位自行组织年度考核评价,交通运输主管部门将于下年组织考评。工程项目交工验收前,交通运输主管部门应按照《标准》,组织开展工程项目"平安工地"考核评价,提出工程项目安全生产管理状况的考核评价意见,将从业单位的考核评价结果纳入企业安全生产信用记录。

(5)每年11月15日前,各市及省直管县级交通运输主管部门应将辖区直接监管的公路水运工程"平安工地"考核评价结果(详见表12-2)报省交通运输厅,省厅将适时抽查,对达到示范等级的工程项目予以公布。每年12月1日前,省交通运输厅将高速公路及重点水运工程

"平安工地"考核评价结果报交通运输部。

交通运输主管部门安排专人负责"平安工地"考核评价工作,及时将考核评价档案归档。

12.1.3 "平安工地"创建要求及考核办法

1)创建"平安工地"的要求

(1)建设单位:应落实安全生产责任,加强组织领导,改善安全生产条件,保证安全生产费用,对"平安工地"创建达标负总责。建设单位应建立完善考核评价和奖惩制度,加强过程监督检查和隐患排查治理,及时督促整改安全隐患,对创建工作和隐患整改不力的单位应予以处罚。

(2)监理单位:应将创建"平安工地"作为安全监理的主要内容,严格执行安全检查、巡查和督促整改,强化专项施工方案的审查审批,定期开展安全隐患排查,发现问题及时督促整改,确保"平安工地"建设要求落到实处。

(3)施工单位:应以创建"平安工地"为安全管理目标,强化科学管理,对本合同段创建"平安工地"及考核评价结果负主体责任。施工单位应建立健全安全生产保证体系,保证安全生产条件,落实安全生产责任,编制专项施工方案,开展风险预控。

2)考核方法

(1)建设单位:每半年对所有施工、监理合同段组织一次"平安工地"考核评价,建立考核评价台账,发现问题应限期整改。将评价结果向负责监管的交通运输主管部门(见后文中表12-2~表12-7)备案。

(2)监理单位:每季度对监理范围内的各施工合同段独立开展考核评价,复核施工单位自查考核评价结果。同时,对本监理合同段进行自查考核评价,并向建设单位报备(见后文中表12-4~表12-6)。

(3)施工单位:每月至少组织一次全面自查,重点检查"平安工地"建设情况、安全管理及工程现场安全生产情况,经常开展安全生产自查和安全隐患排查,及时消除安全管理中薄弱环节。每月将自评价结果向监理和建设单位报备(见后文中表12-4、表12-5)。

(4)各单位应建立和完善"平安工地"档案管理制度,对建设、监理、施工等单位的考核评价及自评价的记录和结果存档,并安排专人负责管理。

12.1.4 考核评价结果应用及要求

(1)在各地考核评价的基础上,省厅将选择确定"平安工地"提名示范项目。

(2)交通运输主管部门应约谈考核评价不达标建设单位的负责人,督促其限期整改,直至达标。

(3)交通运输主管部门考核评价不达标的施工合同段,必须立即整改,存在重大安全隐患的施工作业面,必须停工整改,整改完成后重新组织考核评价。复查仍不达标的施工合同段应全部停工整改,交通运输主管部门应对复查不达标的施工合同段挂牌督办、约谈施工企业总部负责人,或责成建设单位对复查不达标的施工合同段更换项目经理,并将相关单位考核评价结果纳入企业安全生产信用记录。

（4）交通运输主管部门考核评价不达标的监理合同段，必须立即整改，整改完成后要重新组织考核评价。复查仍不达标的监理合同段，交通运输主管部门应督促建设单位挂牌督办，责成建设单位对复查不达标的监理合同段更换监理负责人，并将相关单位考核评价结果纳入企业安全生产信用记录。

（5）工程项目实施期间，考核期内发生1起一般生产安全责任事故，负有事故责任的施工合同段不能评为示范等级；发生2起一般或1起较大及以上生产安全责任事故，负有事故责任的施工合同段直接评为不达标等级；发生一起重大及以上安全生产责任事故，工程项目评为不达标等级，建设单位及相关的监理和施工单位评为不达标等级。

（6）项目法人在公路水运工程招标活动中，要加大对从业单位"平安工地"考核评价结果的应用力度。招标人应在资格审查文件、招标文件中列明"平安工地"考核评价结果奖惩的具体规定，对年度考核示范项目（合同段）的单位，可通过资格审查优先通过、适当减少投标或履约担保金、适当增加投标机会或奖励信用分等方式给予奖励和褒奖；对年度考核不达标的项目（合同段）单位，在本省交通建设市场列为重点监管对象。

12.2 考核评价标准

（1）根据交通运输部《关于开展公路水运工程"平安工地"考核评价工作的通知》（交质监发〔2012〕679号），结合本省实际，特制订《安徽省公路水运工程"平安工地"考核评价标准（试行）》。

（2）我省"平安工地"建设达标考核采用基本考核与标准考核相结合的方法。我省"平安工地"建设必须通过基本考核后，方可参与"平安工地"的标准考核。基本考核内容为我省自定标准（表12-1），标准考核内容为交通运输部考核标准（表12-2～表12-7）。各考核项目评分采取扣分制，扣分限值为各考核项目总赋分值。

①基本考核评价满分50分，建设、监理、施工单位基本考核评价评分40分以上者（含40分），方可以进行标准考核评价。

②标准考核评价采用百分制计算得分。考核评价评分≥90分为示范工程（合同段），70分≤考核评价<90分为达标工程（合同段），评分70分以下为不达标工程（合同段）。

③标准考核分值计算

工程项目"平安工地"考核评价计分按以下公式计算：

$$建设单位得分 = \frac{考核项目实得分}{考核项目应得分} \times 100$$

$$监理单位得分 = \frac{考核项目实得分}{考核项目应得分} \times 100$$

$$施工单位得分 = 施工单位基础管理得分 \times 0.5 + 施工单位施工现场得分 \times 0.5$$

$$施工单位基础管理得分 = \frac{考核项目实得分}{考核项目应得分} \times 100$$

$$施工单位施工现场得分 = \frac{考核项目实得分}{考核项目应得分} \times 100$$

工程项目阶段得分 P:

$$P = 建设单位得分 \times 0.2 + \frac{\sum 监理单位得分}{监理单位个数} \times 0.2 + \frac{\sum (施工单位得分 \times 合同价)}{\sum 施工单位合同价} \times 0.6$$

工程项目综合得分 C = 开工前安全生产条件审查分5(分) +

$$\frac{\sum 工程项目阶段得分}{项目考核评价次数} \times 0.7 +$$

项目交工前考核评价得分 $\times 0.25$

注:1. 工程项目开工前未开展安全生产条件审查,扣5分。
    2. 项目考核评价次数是指交通运输主管部门组织的考核评价次数(含复查不达标的次数)。
    3. 施工单位基础管理得分和施工现场得分均应达到70分(含)以上,否则不达标。
    4. 按照本标准开展考核评价时,考核评价单位可在相应考核项目内酌情扣分,扣分不超过该考核项目规定的权重分数。
    5. 计算得分精确到小数点后1位

(3)工程项目开工前,建设单位应按表12-3的要求组织开展安全生产条件审查,对审查记录及结论署名并负责,同时将审查结果向负责监管的交通运输主管部门备案。工程项目安全生产条件达不到要求不得开工。

(4)交通运输主管部门开展"平安工地"考核评价工作时,应组织有关人员或委托安全专业机构的专家组成评价小组,小组成员不少于3人,达标考核评价工作实行组长负责制,小组成员对评价记录及结论署名并负责。

(5)交通运输主管部门原则上每年组织一次公路水运工程"平安工地"考核评价。抽查比例不少于项目全部监理和施工合同段的三分之一,对建设单位考核评价的各等级的监理和施工合同段均应覆盖到。拟申报示范工程的,应对全部参建单位进行考核评价。

(6)考核要求。基本考核对低于40分的,要求立即整改。连续两次基本考核低于40分的单位、合同段挂牌警告督办,督促项目整改落实;对挂牌督办不力及考核弄虚作假的单位,考核评价结果纳入企业安全生产信用记录。

①发生1起一般生产安全责任事故,负有事故责任的施工合同段在考核评价得分基础上直接扣10分,监理合同段在考核评价得分基础上直接扣10分。发生2起一般或1起较大生产安全责任事故,负有事故责任的施工合同段直接评为不达标等级,监理合同段在考核评价得分基础上直接扣15分,建设单位在考核评价得分基础上直接扣15分。

②交通运输主管部门组织开展的考核评价,因安全生产问题被停工整改2次以上,被主管部门约谈项目法人、企业法人或逾期不落实书面整改要求的,在考核评价过程中,存在明显安全管理漏洞、重大安全隐患的,考核评价单位可根据实际情况在工程项目计算得分的基础上酌情扣5~10分。

③对施工现场采用新技术、新工艺、高科技手段等措施提高安全生产管理效率的施工单

位,考核评价单位应结合实际情况在施工单位计算得分的基础上酌情加 1~5 分。

建设单位基本考核条件　　　　　　　　　　　　表 12-1a)

项目名称：　　　　　　　　　　　　　　建设单位：

考核项目	考核内容及评价标准		考核方法	扣 分 标 准	得分	备注
三阶段安全风险分析与预防（50分）	预案（15分）	项目总体预案（8分）	查总体预案文件	预案不及时扣2分； 内容不完善、针对性不强扣2~5分； 未制订预案的扣8分		
		督促施工单位专项方案的编制和应急预案的制订与演练（7分）	查文件和记录	内容不完善、针对性不强扣2~5分； 未检查的扣7分		
	预控（15分）	每月主持召开预控会议	查台账和会议记录	未按要求组织会议或无会议记录的每次扣5分		
	预警（20分）	每月对现场"一校、一志、一会"和单元预警法进行检查	查台账、记录和施工现场	未进行开展情况检查或未按要求参加的每月扣3~5分； 预警牌位置不合理或破旧不堪的每处扣0.5分； 内容更新不及时每处扣0.5分		
合计						

考核评价单位(盖章)：　　　　　　　　　评价人：　　　　检查日期：　年　月　日

监理单位基本考核条件　　　　　　　　　　　　表 12-1b)

项目名称：　　　　　　　　　　　　　　监理单位：

考核项目	考核内容及评价标准		考核方法	扣 分 标 准	得分	备注
三阶段安全风险分析与预防（50分）	预案（15分）	预案审查	查预案审批文件	预案审查不及时的扣2分； 审查不严的扣2~5分； 未审查的扣15分		
	预控（15分）	对重大危险源辨识及防控措施的审核，参加月度预控会议	查重大危险源辨识及防控措施的审核情况和会议纪要	未参加月度会议的每次扣5分； 审核不严的扣5~10分		
	预警（20分）	每月对现场"一校、一志、一会"和单元预警法进行检查	查台账、记录和施工现场	预警牌位置不合理或破旧不堪的每处扣1分； 内容更新不及时每处扣1分； 未按要求进行检查的扣5~10分； 未按要求进行授课的扣10分		
合计						

考核评价单位(盖章)：　　　　　　　　　评价人：　　　　检查日期：　年　月　日

12 "平安工地"考核评价

施工单位基本考核条件 表12-1c)

项目名称：　　　　　　　　　　　　　　　　施工单位：

考核项目	考核内容及评价标准		考核方法	扣分标准	得分	备注
三阶段安全风险分析与预防（50分）	预案（15分）	预案编写、审查与演练	查总体、专项、应急预案及审批文件等	预案针对性、可操作性不强扣2~5分；不及时或未审批的扣5分；未进行应急演练的扣10分；未编制预案的扣15分		
	预控（15分）	对重大危险源辨识及防控措施是否科学，是否按期召开月度预控会议	查重大危险源辨识及防控措施文件、会议纪要和报表等	报表不科学的扣2~5分；未召开月度会议的每次扣5~10分		
	预警（20分）	扎实开展现场"一校、一志、一会"和单元预警	查交底记录和施工现场	未按要求开办一线工人业余学校的扣2分；未按要求进行授课的扣5分；未开班前会的每次扣2分；工作日志记录不及时、内容不全的每次扣2~5分；工作无记录的每次扣10分；预警牌位置不合理或破旧不堪的每处扣2分；内容更新不及时每处扣3分；未开展的扣20分		
合计						

考核评价单位（盖章）：　　　　　　评价人：　　　检查日期：　年　月　日

工程项目"平安工地"考核评价表 表12-2

项目名称				设计单位				
建设里程			工程概算		桥隧比例			
批准工期（月）			实际开工日期（年月）		计划交工日期（年月）			
建设单位	建设单位名称				建设单位得分	不达标次数	达标等级	
监理单位	监理合同段	监理单位名称			监理单位得分	不达标次数	达标等级	
	1							
	2							
	3							
	…							
施工单位	施工合同段	施工单位名称	施工合同价	施工单位基础管理得分	施工单位现场得分	施工单位得分	不达标次数	达标等级
	1							
	2							
	3							
	…							
工程项目得分				达标等级				
工程项目综合得分				达标等级				

注：水运工程项目不必填写桥隧比例和建设里程。

项目所在地区：　　　评价（填表）单位（盖章）：　　　填表人：　　　填表日期：　年　月　日

工程项目开工前安全生产条件核查表

表 12-3

项目名称：

序号	安全生产条件核查内容	需附资料	是否满足	存在问题说明
1	建设单位安全生产费用提取及使用符合国家行业相关要求	附招标文件安全生产费用标准（工程量清单）		
2	建设、监理、施工单位三方签订安全生产管理协议，明确各方安全职责	附签订的安全生产协议书复印件		
3	建设单位设置安全生产管理部门。施工单位设置安全生产管理机构，配备人数、人员素质与工程规模相匹配。监理单位设置专职安全监理工程师岗位	附相关文件复印件等		
4	施工单位安全生产许可证有效	附施工单位安全生产许可证复印件		
5	施工单位安全管理人员持"三类人员"考核培训合格证书上岗，进场"三类人员"资格、实际岗位与合同文件或变更文件对应	附"三类人员"花名册，并附证书复印件，提供合同文件及相应管理文件、工作记录		
6	已进场的特种作业人员操作资格证书有效，与相应工作对应	附特种作业人员花名册，并附证书复印件		
7	制订主要施工设备进场计划，已进场主要施工设备出厂合格证或检验资料证明及报验计划齐全	附施工设备进场计划，附已进场主要施工设备出厂合格证或检验资料证明复印件和报验计划		
8	施工组织设计中要编制安全措施和现场临时用电方案，且经监理审批	附经监理审批的施工组织设计和临时用电方案		
9	拟开工且超过一定规模的危险性较大工程专项施工方案有专家论证报告	附论证记录文件或报告		
10	主要施工风险已辨识评估，并制订预控措施	附主要施工风险辨识评估及预控措施资料		
11	拟开工的分部分项工程，施工单位应对从业人员开展安全生产教育培训	附培训记录		
12	监理工程师持证符合要求，安全监理人员按要求进场，并编制安全监理规（计）划	附安全监理人员名单及安全监理资格书复印件，并附安全监理计划		

注：建设单位向交通运输主管部门报备时，1~4项应附附件资料，其余项附建设单位核查意见。

建设单位（盖章）：　　　　　　核查人：　　　　　　核查日期：　年　月　日

12 "平安工地"考核评价

施工单位基础管理考核评价表（100分）　　　　　　　　　表12-4

项目名称：　　　　　　　　合同段：　　　　　　　施工单位名称：

序号	类别	考核项目	考核内容及评价标准	考核评价方法	扣分标准	得分	备注
1	安全生产条件（24分）	1.1 施工单位安全生产许可证（4分）	施工单位安全生产许可证有效	查证书	安全生产许可证失效扣4分		
		1.2 从业人员资格条件（4分）	项目负责人及安全管理人员持"三类人员"考核培训合格证书上岗，证书有效并与对应岗位人员身份相符。施工现场每5 000万元施工合同额的比例配备一名专职安全员。特种作业人员持有效资格证书上岗，与相应工作对应	查"三类人员"证件。查台账，同时对现场在岗人员对应检查	每发现一例未持有效证书或证书与对应岗位人员身份不相符，扣1分。未按比例配备专职安全管理人员，发现少一人扣1分。每发现一例特种作业人员未持有效证书，扣1分。持证人在岗情况不明，扣1~2分。		
		1.3 从业人员保险（4分）	全员劳动用工登记。按规定为施工现场作业人员办理意外伤害保险	查花名册及保单发票	未建立人员台账，扣4分，台账不完善，扣2分。未办理意外伤害保险扣4分。意外伤害保险未覆盖全员或不连续，扣1~3分		
		1.4 安全组织机构（4分）	建立专职安全管理机构，安全组织机构框图悬挂明显位置。项目、各部门及作业层安全岗位职责及责任人明确。逐级签订安全生产责任书	查施工单位文件及签订的责任书	未建立专职安全管理机构，扣4分。安全组织机构框图未悬挂，扣1分。安全岗位职责和责任人不明确，扣1~3分。未逐级签订责任书，扣2~4分。责任书签订不规范，扣1~2分		
		1.5 机械设备管理（4分）	建立机械设备分类管理台账。建立特种设备管理档案，一机一档。特种设备安装拆除应由具备资质条件的单位承担。大型模板、承重支架及未列入国家特种设备目录的非标准设备，应组织专家论证和验收工作。特种设备投入使用前经检验合格，日常检查、维修、保养记录齐全	查台账，现场核对	未建立机械设备台账，扣2分，台账不全，扣1~2分。特种设备档案不规范，发现一处扣1分。安装拆除由不具备资质条件的单位承担，扣2分/台。未经论证和验收，发现一台扣2分。特种设备未经检验合格投入使用，每发现一台扣2分；无日常检查、维修保养记录，每发现一台扣1分；记录不全面，扣1~2分		

113

续上表

序号	类别	考核项目	考核内容及评价标准	考核评价方法	扣分标准	得分	备注
1	安全生产条件（24分）	1.6 施工作业手续（4分）	根据工程实际，按规定办理跨线施工、交通管制及水上、水下作业的相关安全许可手续	查文件	未办理，扣4分		
2	安全生产管理制度（34分）	2.1 安全生产例会制度（4分）	明确安全生产例会的时间、频次、参会主要人员。会议记录清晰、全面。会议要求落实到位并有书面记录	查制度文件、会议记录及签字等	未建立安全例会制度，扣4分。未按时召开例会，记录不完整，签字不全，扣1~2分。会议要求落实无痕迹资料，扣1~2分		
		2.2 安全教育培训制度（4分）	制订教育培训制度和计划。明确项目经理、管理人员、安全专职人员、特殊工种、转岗、新进场从业人员安全教育培训学时、内容、方法等要求，并按要求开展教育培训。培训时间、培训内容、参加培训人员记录清晰	查制度文件、教育培训计划、记录及签字等	未建立安全教育培训制度和计划，扣4分。教育培训计划不合理，扣1~2分。未按计划对相关人员进行教育培训，或教育培训不到位，扣2~4分。培训时间、内容，参加培训人员记录不清晰，发现一处扣1分		
		2.3 安全生产费用管理制度（4分）	制订安全生产费用管理制度。制订安全生产费用使用计划，根据批准计划落实到位。建立安全生产费用管理台账	查制度文件、台账、费用明细、使用凭证	未建立安全生产费用管理制度和使用计划，扣4分。计划未按季度（或月）落实，扣1~2分。台账不清晰、费用明细不清晰、记录不全面，扣1~2分。挪用安全生产费用，扣2~4分		
		2.4 危险品安全管理制度（4分）	制订危险品管理办法。危险品管理人员配备到位并持证上岗。危险物品进出库台账清晰，管理措施、使用记录等符合有关要求。爆破工程施工应取得有关部门批准。按规定编制爆破设计书及施工组织设计	查制度文件、证书及台账等	未建立危险品管理办法，扣4分。人员未持证上岗，发现一人扣1分。未按制度落实危险品管理措施，扣2~4分。危险品进出库台账不全、不连续，扣2~4分，不严格执行退库程序，发现一起扣4分。爆破作业相关审批、备案、登记手续不全，扣4分。爆破作业设计、施工文件未按规定编制，扣4分		

续上表

序号	类别	考核项目	考核内容及评价标准	考核评价方法	扣分标准	得分	备注
2	安全生产管理制度(34分)	2.5 消防安全责任制度(4分)	制订消防安全责任制度。明确消防责任区域、责任人、消防器具配置及维护要求。建立消防器材管理使用台账	查制度、台账、现场	未制订消防责任制度,扣4分,未绘制消防设施布设图,扣1分。消防职责或责任人不明确,扣1~2分。管理台账不全,扣1~2分		
		2.6 安全检查制度(6分)	制订安全检查制度。明确项目负责人带班制度。制订隐患排查工作方案,明确隐患排查频率,对发现隐患进行分析,制订具有针对性的隐患治理措施。重大安全隐患必须挂牌督办。明确定期、日常、防汛防台等专项安全检查的时间、责任人、检查内容、实施要求。检查记录清晰,资料齐全、闭合管理	查制度文件,台账,现场核对	未建立安全检查制度,扣3分。安全检查制度针对性不强,扣1~3分。未制订项目负责人带班制度,扣3分。未制订隐患排查方案,扣3分。未按规定的频率开展隐患排查,扣1~2分。未对隐患进行分析,扣1分。未对重大安全隐患挂牌督办,发现一次扣2分。定期、日常、防汛防台等专项安全检查时间、责任人、检查内容、实施要求不明确,扣2~3分。检查记录不真实、不闭合,扣1分		
		2.7 安全奖罚考核制度(4分)	制订奖罚制度。明确奖励、处罚条件及方式。执行到位,记录清晰	查制度文件,查记录	未建立奖罚制度,扣4分。奖罚制度执行不到位,记录不清晰,扣2~4分		
		2.8 生产安全事故调查处理及报告制度(4分)	制订生产安全事故调查处理及报告制度。建立事故档案,发生事故及时报告。落实事故处理"四不放过"	查制度文件、台账及记录	未建立制度,扣4分。制度不符合相关规定,扣1~2分。发生事故后,未按规定实施事故报告,扣4分。事故处理未落实"四不放过",扣1~4分		

续上表

序号	类别	考核项目	考核内容及评价标准	考核评价方法	扣分标准	得分	备注
3	安全技术管理（30分）	3.1 专项施工方案（8分）	按要求编制危险性较大工程专项施工方案。方案中安全措施操作性强，内容齐全。按规定对专项方案进行评审。严格按方案落实到位	查台账、文件，现场核对	危险性较大工程专项施工方案不全，少一项扣2分。专项施工方案未报批或未经评审，发现一份扣2分。超过一定规模的危险性较大工程专项施工方案不按规定组织专家评审的，发现一份扣4分		
		3.2 施工组织设计（4分）	施工组织设计中有安全保证措施，且可操作性强。经施工企业技术负责人审核、签认，履行审批手续齐全	查资料	施工组织设计中安全技术措施内容不全，操作性不强，扣1~2分。施工组织设计审批手续不完善，扣1~2分		
		3.3 安全技术交底（4分）	制订安全技术交底制度。明确交底责任人、对象、方法、内容。逐级交底记录清晰、真实、内容可行。建立逐级交底台账	查制度文件、台账及记录	未建立安全技术交底制度，扣2分。安全技术交底资料不全，内容无针对性，发现一处扣1分。未建立交底台账，扣1分。记录不真实，扣2分。未逐级交底，扣2~4分		
		3.4 风险预控（6分）	对风险源识别全面。预控措施操作性强。对重大风险源制订安全管理方案。按规定开展桥隧施工安全风险评估。重大风险源要对作业人员进行书面告知。按规定开展地质灾害评估	查文件，现场核对	未制订重大风险源安全管理方案，扣3分；方案中未明确责任人或预控措施针对性不强，发现一处扣1分。风险源识别不全或预控措施操作性不强，发现一处扣1分。未按规定开展桥隧施工安全风险评估，扣3分。未对作业人员进行重大风险源书面告知，发现一项扣1分。未按规定开展地质灾害评估，扣2分		

12 "平安工地"考核评价

续上表

序号	类别	考核项目	考核内容及评价标准	考核评价方法	扣分标准	得分	备注
3	安全技术管理（30分）	3.5 临时用电方案（4分）	按规定制订临时用电方案。标注用电平面布置图。巡视维修保养记录完整	查方案	未制订临时用电方案，扣4分。方案中用电设备清单、负荷计算、用电工程图纸等不完整，扣1~3分。未标注用电平面布置图，扣2分。无电工巡视维修保养记录或记录不连续，扣1~2分。		
		3.6 应急预案及演练（4分）	制订操作性强的各类应急预案及现场处置方案。有针对性地开展应急培训和演练，并及时总结。配备兼职的应急队伍和物资	查文件、记录	未制订专项应急预案，扣4分。专项应急预案不全，发现一项扣1分。应急预案操作性不强，扣1~3分。未开展培训及演练，扣1~2分。演练后未总结，扣1~2分。无兼职的应急队伍，扣1分。应急救援物资配备不足或台账不清晰，扣1~2分。		
4	档案管理（2分）	安全档案资料（2分）	形成的各类档案资料完整、有效	查台账、记录	形成的各类档案不完整、无效，发现一处扣1分		
5	政府主管部门安全专项工作（10分）	5.1 政府主管部门安全专项工作落实情况（8分）	严格落实政府主管部门布置的安全专项工作。安全专项工作应制订落实方案或工作计划。按方案或计划执行到位。制订"平安工地"建设方案，"平安工地"建设要求落实到一线工人	查文件、记录，现场核对	未制订安全专项工作方案或计划，发现一次扣4分。安全专项工作落实不到位，发现一次扣2~4分。未制订"平安工地"建设方案，扣5~6分，"平安工地"建设要求未落实到一线工人，扣3~5分。		
		5.2 考核评价（2分）	按照"平安工地"考核评价要求定期开展自我考核评价。考核评价资料真实、准确	查文件及资料	自我考核评价走过场或不及时的，扣1~2分。考核评价资料欠真实、准确，扣1~2分。		
实得分			应得分		（实得分/应得分）×100 =		

考核评价单位（盖章）： 评价人： 检查日期： 年 月 日

117

施工单位施工现场考核评价表(通用部分100分)　　　　表12-5a)

项目名称：　　　　　　　　　合同段：　　　　　　　　施工单位名称：

序号	类别	考核项目	考核内容及评价标准	考核评价方法	扣分标准	得分	备注
1	施工现场布设(30分)	1.1 施工驻地(6分)	·办公生活区严禁设置在危险区域。 ·生产、生活区分别设置并封闭管理。 ·生活区严禁存放易燃易爆等危险品。 ·装配式房屋应有合格证书,满足安全使用要求	查看现场	·办公生活区设置在风险区域,扣6分。 ·生产、生活区设置不合理,未按规定封闭设置,安排专人值班扣2分。 ·生活区内存放易燃易爆危险品,扣4分。 ·装配式房屋无材料合格证或验收证明,发现一处扣1分。 ·生产、生活区布置不满足防火防爆要求,扣4分		
		1.2 拌和站、预制场、钢筋加工场(6分)	·钢筋加工场、预制场、拌和站、木材加工厂等区域分区明显。 ·拌和站、预制场和钢筋加工场地面硬化、排水系统完善,并封闭管理。 ·承重大型构件存梁层数和间距符合规范要求,梁板采取有效防倾覆措施。 ·防雨棚稳固。 ·张拉作业应有安全防护措施。 ·搅拌设备检修、清理料仓时,应停机并切断电源,设置明显标志并有专人看守	查看现场	·区域划分不合理,标识不明显,扣2～3分。 ·场地硬化、排水系统不符合要求,扣2分。 ·未封闭管理,发现一次扣1分。 ·梁板堆放层数不符合规范要求、无防倾覆措施,扣2分。 ·防雨棚不稳固,扣1～2分。 ·张拉作业没有安全防护措施,扣1～2分。 ·违章检修搅拌设备,发现一次扣4分		
		1.3 临时用电(6分)	严格按照施工现场临时用电方案进行布设和使用	方案与现场比对检查	·现场临时用电未按临时用电方案布设,扣2～4分。 ·"三级配电、两级保护"和"一机、一闸、一漏、一箱",发现一处不规范扣1分。 ·电线架空和入地设不规范,发现一处扣1分。 ·电箱固定、上锁、防雨等措施不规范,发现一处扣1分。 ·场内照明及安全电压使用不满足要求,发现一处扣1分。 ·标识不完善,发现一处扣1分		

续上表

序号	类别	考核项目	考核内容及评价标准	考核评价方法	扣分标准	得分	备注
1	施工现场布设（30分）	1.4 消防安全（6分）	施工现场消防设施、消防通道建设符合消防安全要求。 消防区域悬挂责任铭牌	查现场	施工现场消防设施配备不足，维护不及时，扣3~5分。 消防通道不满足要求，扣3分。 未悬挂责任铭牌扣1分		
		1.5 施工便道便桥（6分）	便桥进行专项设计。 便道危险路段、便桥位置设置安全标识。 便道具有必要的通行能力	查看现场	便桥未专项设计或未经验收即投入使用，扣6分。 便道排水设施不到位，通行能力弱，扣1~3分。 便桥未设限速、限载标志，发现一处扣1分		
2	安全防护（26分）	2.1 防护栏杆、安全网及其他防打击、防坠落措施（8分）	高处、临边、临水作业应设置防护栏杆及安全网。 下方有人员通行或作业的，应设置挡脚、防滑设施、安全网、安全通道等	查看现场	未按要求设置防护栏杆、安全网或其他安全防护设施的，发现一处扣1分。 防护栏杆不牢固，发现一处扣1分。 安全通道未搭设或搭设不规范，发现一处扣1分		
		2.2 文明施工、安全警示标志、标牌（8分）	区域分区标牌全面。 施工现场明显位置设置"五牌一图"。 交通要道、重要作业场所、危险区域设置安全警示标志、标牌。 现场机械设备按要求设置安全操作规程牌	查看现场	未按要求设置文明施工、安全警示标志、标牌及操作规程的，发现一处扣1分		
		2.3 避雷设备（5分）	拌和、打桩和起重等高耸设备及其他电器设备按规定设置避雷设施	查看现场	未按要求设置避雷设备的，发现一处扣1分		
		2.4 个体防护（5分）	进入施工现场人员及作业人员应按规定配置和使用防护设施	查看现场	未按照规定配置和使用个体防护用品，发现一处扣1分		
3	施工作业（44分）	3.1 高处作业（10分）	高处作业必须设置人员上下专用通道。 5m以下应设置防护梯。 5m以上应设置"之"字形人行斜梯。 40m以上宜安装附着式电梯。 作业平台脚手板应铺满且固定牢固，不应有翘头板，并挂置安全网	查看现场	高处作业未按要求设置人员上下通道，发现一处扣2分。 作业平台搭设不牢固，发现一处扣1分。 作业平台有翘头板，发现一处扣1分。 未按要求挂置安全网，发现一处扣1分		

续上表

序号	类别	考核项目	考核内容及评价标准	考核评价方法	扣分标准	得分	备注
3	施工作业（44分）	3.2 支架脚手架（12分）	施工现场搭设和拆除支架脚手架应满足方案要求。支架和脚手架基础牢固。排水设施完善。搭设支架和脚手架的材料应逐批次进场检验，每批材料抽检一组，应有检测报告。承重支架搭设应制订专项施工方案，搭设后应按规定组织验收，验收通过后应挂牌公示及告知。搭设高度大于10m的脚手架应设置缆风绳或固定措施	方案与现场比对检查	未按方案搭设和拆除支架脚手架，扣4~8分。基础处理不符合方案要求，扣2分。排水设施不完善，扣2分。对支架和脚手架的材料抽检数量不足，或材料无出厂合格证明，或抽检质量不合格，每发现一处，扣2分。承重支架搭设未制订专项施工方案，扣4~6分。对承重支架和脚手架未组织验收，发现一处扣4分。未挂牌公示和公告，发现一处扣1分。承重支架使用前未进行预压，或预压不符合要求，发现一处扣2分。未按要求设置缆风绳或固定措施，每处扣2分。缆风绳搭设不规范，扣1~2分		
		3.3 模板（6分）	大型模板搭设和拆除应有专项施工方案。模板制作、存放、使用、拆除满足方案要求。大型模板使用前应组织验收	方案与现场比对检查	大型模板搭设、拆除未制订专项施工方案，或方案未经审批，每发现一处，扣2分。模板制作、存放、防倾覆、使用、拆除不符合方案要求，发现一处扣1分。大型模板使用前未组织验收，扣6分。大型模板验收程序不规范，扣3~6分		
		3.4 特种设备（10分）	检验合格铭牌悬挂于明显位置。操作人员持证上岗。垂直升降设备基础满足要求，架体附着装置牢固，不超载运行。塔吊基础和架体附着装置牢固，轨道式起重机限位及保险装置有效	查看现场与资料比对检查	铭牌未按要求悬挂，发现一处扣1分。操作人员无证，发现一人扣2分。垂直升降设备、塔吊基础及附着装置不稳定牢固，每处扣5分。轨道式起重机无有效限位及保险装置，电缆拖地行走，发现一次扣2分。起重设备违章操作、停机，发现一次扣1分。特种设备未报验即投入使用，扣10分。使用过程中起重臂下严禁站人，发现一次扣1分		

12 "平安工地"考核评价

续上表

序号	类别	考核项目	考核内容及评价标准	考核评价方法	扣分标准	得分	备注
3	施工作业（44分）	3.5 基坑施工（6分）	深基坑施工编制专项施工方案，经审定批准。严格按方案开挖和支护。降排水系统合理可靠。深基坑边坡、支护结构等应进行沉降和位移监测。堆载安全间距及安全防护满足设计或相关技术规程要求	查看现场与资料比对检查	未编制专项施工方案，扣6分。方案操作性差，扣2~4分。开挖和支护与方案不符，扣2~4分。未按要求进行沉降和位移观测，或观测不规范，扣2~4分。排水系统失效，扣3分。堆载安全间距及安全防护不满足设计或相关技术规程要求，发现一处扣1分		
实得分		应得分		（实得分/应得分）×100 =			

考核评价单位（盖章）：　　　　　评价人：　　　　　检查日期：　年　月　日

施工单位施工现场考核评价表（公路部分100分）　　　　表12-5b)

项目名称：　　　　　合同段：　　　　　施工单位名称：

序号	类别	考核项目	考核内容及评价标准	考核评价方法	扣分标准	得分	备注
4	桥梁工程（40分）	4.1 基础施工（8分）	扩大基础、挖孔桩和钻孔桩施工严格按照方案实施。设置警戒设施或警示灯	方案与现场比对检查	扩大基础、挖孔桩或钻孔桩未严格按方案实施，扣4~6分。在城市、村镇等人口密集区域未设置警戒设施或警示灯，发现一处扣1分。扩大基础、挖孔桩或钻孔桩施工未严格悬挂设置安全告知牌的，发现一处扣1分		
		4.2 墩台（16分）	高墩台施工严格按专项施工方案实施。墩台施工应搭设脚手架及作业平台，保证作业人员有安全作业空间。高处作业必须设置人员上下专用通道。斜拉桥、悬索桥、连续刚构等特殊结构桥梁，高度超过40m应安装附着式电梯，出入口设置防护设施。严禁使用塔吊、汽车吊载人上下。模板安装必须牢固，模板之间连接螺栓必须全部安装到位	方案与现场比对检查	高墩台施工未严格按专项施工方案组织实施，扣4~8分。脚手架及作业平台搭设不能保证作业安全空间，发现一处扣2分。未按规定设置人员上下通道，发现一处扣6分。未按规定安装附着式电梯，扣8分。出入口未设置防护措施，扣3分。发现使用起重设备载人，扣6分。模板螺栓连接不规范，发现一处扣1分。人员违规作业，发现一次扣2分		

续上表

序号	类别	考核项目	考核内容及评价标准	考核评价方法	扣分标准	得分	备注
4	桥梁工程（40分）	4.3 桥梁上部结构施工（16分）	桥梁上部结构施工严格按专项施工方案实施。梁板吊装就位后及时进行稳固。挂篮按方案组拼后，要进行全面检查，做静载试验。桥面系施工临边应设置安全防护栏杆及安全网。架桥机平衡配重、限位及支垫稳固	方案与现场比对检查	未按方案组织施工，扣4~8分。梁板吊装就位后，未及时进行稳固，发现一处扣2分。未按要求对挂篮进行静载试验，扣6分。未按要求设置安全防护栏杆或安全网，发现一处，扣2分。人员违规作业，发现一次扣2分。架桥机平衡配重、限位及支垫不稳固，发现一处扣2分。吊装使用的钢丝绳磨损、断丝超标，发现一处扣3分。起重设备基础、轨道固定等不符合要求，发现一处扣3分		
5	隧道工程（44分）	5.1 施工基本要求及开挖（14分）	严格执行洞口值班登记制度。洞口工程严格按方案实施。洞口工程排水系统完善。洞口工程边坡及仰坡自上而下开挖，保证稳定。各类施工作业台架、台车防坠设施设置齐全，安全可靠。严禁堆放易燃易爆物品、严禁堵塞通道。施工现场悬挂风险源辨识牌及警示标志。按方案开挖，严禁擅自变更开挖方法。全断面法施工断面尺寸应满足设计要求。台阶法施工台阶长度不宜超过隧道开挖宽度的1.5倍，控制钢架下沉和变形。环形开挖留核心土法施工进尺控制在0.5~1m，相邻钢架必须用钢筋连接，按设计要求施工锁脚锚杆	方案与现场比对检查，查记录	门禁和值班登记制度执行不严格，扣4~8分。洞口施工与方案不符，扣2~4分。洞口工程排水系统不完善，扣2~4分。洞口开挖发现掏底或上下重叠开挖，不稳定，扣2~4分。各类施工作业台架、台车防坠设施不足，发现一处扣2分。隧道内堆放易燃易爆物品，发现一处扣4~6分。隧道内存放杂物，存在通道被堵塞的现象，发现一处扣2分。施工现场未悬挂风险源辨识牌，扣2分。警示标志数量不足，发现一处扣2分。未按方案组织开挖，扣4~6分。断面尺寸不满足要求，扣2分		

12 "平安工地"考核评价

续上表

序号	类别	考核项目	考核内容及评价标准	考核评价方法	扣分标准	得分	备注
5	隧道工程（44分）	5.1 施工基本要求及开挖（14分）	双侧壁导坑法施工导坑跨度宜为整个隧道跨度的三分之一,左右导坑施工时,前后拉开距离不宜小于15m,导坑与中间土体同时施工时,导坑应超前30~50m。试爆要制订方案,按方案实施	方案与现场比对检查,查记录	台阶法施工台阶长度超过隧道开挖宽度的1.5倍,发现一次扣1分,钢架下沉或变形,发现一次扣1分。开挖进尺控制不严,发现一次扣2分。相邻钢架未用钢筋连接,发现一处扣1分,未按设计要求施工锁脚锚杆,发现一处扣1分。双侧壁导坑法施工距离不满足要求,扣2~3分。未按方案组织爆破,扣6分。		
		5.2 初期支护及二次衬砌（8分）	初期支护和二次衬砌必须按方案实施。在方案中明确仰拱与掌子面、二次衬砌与掌子面的距离,严格执行。钢架拱脚必须放在牢固的基础上。相邻钢架之间必须纵向钢筋连接	方案与现场比对检查,查资料	初期支护和二次衬砌施工与方案不符,扣6~8分。方案中未明确仰拱与掌子面、二次衬砌与掌子面的距离,扣6分。仰拱与掌子面、二次衬砌与掌子面的距离未严格按要求控制,扣4~6分。钢架拱脚基础不牢固,发现一处扣1~2分。相邻钢架之间纵向钢筋连接不规范,发现一处扣1~2分。		
		5.3 监控量测,超前地质预报（6分）	制订监控量测及超前地质预报专项施工方案,按方案组织实施。长大隧道和不良地质隧道必须进行超前地质预报。监控量测资料齐全。对量测数据进行分析,施工负责人、技术负责人及设计代表签字齐全。监控量测及超前地质预报监控点数量满足方案要求。对掌子面稳定性开展巡视检查,有记录	查看现场、查资料记录	未按监控量测及超前地质预报专项施工方案实施的,发现一处扣1分。长大隧道和不良地质隧道未进行超前地质预报,扣6分。监控量测资料不齐全,扣1~2分。量测数据分析不准确,扣2~4分。签字不齐全,发现一处扣0.5分。监控量测及超前地质预报监控点数量不满足方案要求,发现一次扣1分。没有对掌子面稳定性巡视检查记录,扣2分。巡视检查记录不完善,扣1分。		

续上表

序号	类别	考核项目	考核内容及评价标准	考核评价方法	扣分标准	得分	备注
5	隧道工程（44分）	5.4 逃生通道（4分）	长大隧道和V级及以上围岩隧道必须设置逃生通道	查看现场	未按要求设置逃生通道，扣4分。 逃生通道不合理，扣2分		
		5.5 通风防尘照明、排水及消防、应急管理（4分）	对有毒有害气体进行监测。 隧道施工必须采用机械通风，在进入隧道150m以后须以设计能量全速通风。 压入式通风管的送风口距掌子面不超过15m，排风式风管吸风口不超过5m。 隧道内照明充足。 排水设施完善。 有足够数量的消防器材。 设置应急箱	查看现场、查资料	未对有毒有害气体进行监测，扣1分。 未按要求通风，扣2~4分。 隧道照明不符合要求，扣2分。 积水较严重，扣1分。 消防器材不足，扣2分。 未设置应急箱，扣1分。 电缆布设不规范，扣1分		
		5.6 瓦斯隧道（6分）	瓦斯隧道施工要编制专项施工方案并严格执行。 瓦斯隧道应使用具有防爆性能的机械设备。 掌子面瓦斯浓度超标时严禁施工。 设置灭火器、消防水池、消防用沙等消防设施	方案与现场比对检查	未编制专项施工方案，且方案未经专家评审的，扣6分。 瓦斯隧道施工与专项方案不符，扣2~4分。 瓦斯隧道施工未按要求使用具有防爆性能的机械设备，发现一处扣1分。 未进行瓦斯浓度检测，扣4分。 掌子面瓦斯浓度超标时施工，扣6分，责令立即停工整改。 施工现场消防设备不齐备，扣1~2分		
		5.7 信息管理（2分）	长大隧道施工应配备监控视频、通信及作业人员定位信息管理系统	查看现场、查资料	未按要求配备信息管理系统，扣2分。 监控视频、通信和定位信息失效，发现一处扣0.5分		
6	路基工程（8分）	边坡施工（8分）	高边坡、滑坡体、危石段应设置风险源告知牌等，并设置必要的安全防护措施。 高边坡施工自上而下，严禁多级坡同时立体交叉作业。 挡土墙施工排水设施完善。 路基土石方爆破作业应编制专项施工方案，严格按方案实施	查看现场、查方案	未按要求设置风险源告知牌，发现一处扣1分。 未按要求设置安全防护措施，发现一处扣2分。 排水不完善，扣2分。 路基土石方爆破作业与方案不符，扣3~5分		

12 "平安工地"考核评价

续上表

序号	类别	考核项目	考核内容及评价标准	考核评价方法	扣分标准	得分	备注
7	路面工程（8分）	路面施工（8分）	施工区域实行交通管制。严禁工程施工车辆违规载人。路面摊铺机、压实机械等设备夜间停放应有反光装置。摊铺施工期按规定配置专职安全员	查看现场	施工区域交通封闭管理不严，扣2分。发现用施工车辆违规载人，扣4分。路面摊铺机、压实机械夜间停放反光装置不符合要求，发现一处扣1分。摊铺施工期无专职安全员的，发现一次扣2分		
实得分		应得分		（实得分/应得分）×100=			

考核评价单位（盖章）：　　　　评价人：　　　　检查日期：　年　月　日

施工单位施工现场考核评价表（水运部分100分）　　　　表12-5c）

项目名称：　　　　合同段：　　　　施工单位名称：

序号	类别	考核项目	考核内容及评价标准	考核评价方法	扣分标准	得分	备注
8	施工船舶及临时电缆（20分）	8.1 施工船舶（10分）	船舶证书齐全，符合要求；持证船员按要求配备。施工船舶必须在核定航区或作业水域内作业。船舶不得超载或偏载。禁止船舶在超过核定航行和作业条件的情况下作业。制订预警及应急救援预案，并定期进行演练。交通船持证运营、配备救生设备、严禁超载	查看现场、证件及文件资料	船舶证书不符合要求，发现一艘船扣4分。持证船员不符合要求，少一人扣1分。施工船舶不按规定航区或水域作业，发现一次扣2分。船舶存在超载或严重偏载现象，发现一次扣5分。船舶违章作业，发现一次扣2分。对预警及应急救援预案未定期进行演练，扣4分。交通船未持证运营，发现一艘扣2分。交通船未配备足够救生设备，扣2分。交通船超载，发现一次扣2分		
		8.2 临时电缆敷设（10分）	禁止临时电缆线布设在船舶进出航道、抛锚区和锚缆摆动区。水上或潮湿地带作业的施工电缆应绝缘良好且具有防水功能，接头部分应进行防水处理	查看现场	在船舶进出航道、抛锚区和锚缆摆动区布设电缆线，发现一次扣5分。施工电缆防水处理不符合要求，发现一处扣2分		

续上表

序号	类别	考核项目	考核内容及评价标准	考核评价方法	扣分标准	得分	备注
9	码头工程或通航建筑物（45分）	9.1 打入桩基施工（10分）	桩基施工的沉桩区域应设置明显的安全警示标志。作业前应对沉桩设备、安全装置进行检查。水上沉桩前应进行水下探查，并清除水下障碍物，并按规定削坡。吊桩绳扣、滑车、索具等应经计算后选用。陆域沉桩后，低于地面的桩孔或不高于地面0.8m的管桩，应设置安全护栏或盖板，并设置安全警示标志。	查看现场、查资料	未按要求设置安全警示标志，发现一处扣2分。未对沉桩设备、安全装置进行检查，扣5分。水上沉桩未进行水下探查，扣5分。水下障碍物清除不规范，扣2分。削坡不规范，扣2分。使用的吊桩绳扣、滑车、索具等未经计算，扣5~8分。未按要求设置安全护栏或盖板，发现一处扣2分。		
		9.2 沉箱出运与安装（10分）	沉箱浮运拖带前，应按规定进行漂浮试验，拖带中，沉箱顶部应设置航行标志。沉箱移运前，应对气囊额定工作压力、牵引设施、移运通道等进行检查或试验，按规定划定作业区，设置安全警戒线。	查看现场、资料	沉箱浮运前，未进行漂浮试验或试验不符合规范要求，扣4~8分。沉箱拖运过程中，沉箱顶部未设置航行标志，扣3分。未按要求对气囊额定工作压力、牵引设施、移运通道等进行试验或检查，扣5分。未按要求划定作业区或布设警戒线，扣3分。		
		9.3 水上水下作业（10分）	作业平台搭设应按审批的专项施工方案施工，定期检查维护。水上人行通道应符合安全要求。潜水员应持证上岗，潜水作业应有专人指挥	方案与现场比对检查	作业平台搭设与方案不符，扣6分。对作业平台检查维护不及时，扣3分。平台搭设不稳固，未配备救生圈，作业空间不足，扣3分。水上人行临时通道不牢固，扣1~3分。潜水员无证上岗，扣5分。潜水作业时无专人指挥，扣5分		
		9.4 水上构件吊装（15分）	应按审批的方案施工，现场有专人指挥。吊装使用的钢丝绳磨损、断丝不得超标。起重设备的基础、轨道固定符合安全要求，保险、限位等装置齐全有效。构件吊装就位后及时进行稳固	方案与现场比对检查	水上构件吊装与专项方案不符，扣5~10分。吊装使用的钢丝绳磨损、断丝超标，发现一处扣3分。起重设备基础、轨道固定等不符合要求，发现一处扣3分。保险、限位等装置不齐全或失效，发现一处扣3分。构件吊装就位后未及时进行稳固，发现一处扣1分		

续上表

序号	类别	考核项目	考核内容及评价标准	考核评价方法	扣分标准	得分	备注
10	航道工程（35分）	10.1 爆破船作业（15分）	采用钻孔爆破船施工时，临时存放的炸药和雷管必须分仓放置，专人监管	查看现场、资料	未按要求临时存放炸药和雷管，扣15分。未按要求进行工序检查，未设置警戒线，发现一次扣10~15分		
		10.2 水上抛石以及沉排铺排、充沙袋作业（10分）	抛石后或船舶在拖航过程中，应对施工机械进行封固。铺排船上的起重设备吊装及展开排布应有专人指挥，沉排、铺排应按规程作业，防止人员落水。砂袋或砂枕沉放前，应检查沉放架的制动装置	查看现场	拖航过程中，未对施工机械进行封固，扣4分。铺排船上起重设备吊装等施工无专人指挥，扣5分。沉排、铺排不符合规程要求，扣4~6分。砂袋或砂枕沉放前，未按要求进行有关设备检查，扣4~6分		
		10.3 耙吸船及绞吸船放射源的管理（10分）	放射源测量装置检定有效，使用记录完整，按规定定期自测	查设备档案，查记录	放射源测量装置检定不符合要求，扣10分。使用记录不符合要求，发现一处扣2分		
实得分		应得分		（实得分/应得分）×100 =			

考核评价单位(盖章)： 　　　评价人： 　　　检查日期： 年 月 日

监理单位考核评价表（140分）　　　表12-6

项目名称： 　　　合同段： 　　　监理单位名称：

序号	类别	考核项目	考核内容及评价标准	考核评价方法	扣分标准	得分	备注
1	责任落实（15分）	1.1 岗位职责（5分）	明确总监、总监代表、副总监、专业监理工程师和监理员的安全岗位职责。逐级签订安全生产责任书	查文件	无岗位职责，扣5分。岗位职责缺项，发现一项扣1分。责任针对性不强，扣2~3分。未逐级签订安全生产责任书，扣3分		
		1.2 规章制度（5分）	建立会议、检查、专项经费审批、隐患督促整改、危险性较大工程方案审查、特种设备复查、应急管理、事故报送等工作制度	查文件	制度少一项，扣2分。制度针对性不强，可操作性差，扣1~3分		
		1.3 安全监理规（计）划（5分）	编写安全监理规（计）划，且经批准	查文件	未见行文，扣5分。安全监理规（计）划针对性不强，扣1~3分		

127

续上表

序号	类别	考核项目	考核内容及评价标准	考核评价方法	扣分标准	得分	备注
2	审查审批（30分）	2.1 施工组织设计（5分）	对施工组织设计中的安全管理措施进行审查、审批	查文件	未审查施工组织设计,扣5分。未认真或未及时审查,扣2~4分		
		2.2 专项施工方案（10分）	对危险性较大工程专项施工方案进行审查、审批,监督实施情况	查文件	未及时对施工单位上报的专项施工方案进行审查审批,扣5~8分。经审批的专项施工方案不符合有关要求,扣5~8分。危险性较大工程专项施工方案未经审查同意,工程已实施,且监理未纠正,扣5分。未严格监督实施,扣2~6分		
		2.3 风险预控（5分）	对施工单位编制的应急预案进行审查,检查演练情况。履行监理风险评估职责	查文件、查记录	未督促施工单位申报和进行审查,扣5分。不认真或不及时审查,扣1~3分。未对演练进行检查、督促,扣3分。风险评估监理职责履行不到位,扣2分		
		2.4 安全生产费用（10分）	对施工单位的安全生产费用使用计划进行审查。对安全生产费用使用情况进行检查,现场核对。审查安全生产费用使用凭证	查记录、现场检查核对	未审查,扣10分。不认真或不及时审查,扣4~6分。未建立安全费用使用监理台账,或台账不清,扣2~4分		
3	安全检查与督促整改（30分）	3.1 安全检查（20分）	检查施工单位岗位职责分解落实情况。对施工单位设备、周转性材料、人员履约及持证上岗等按规定进行检查。按施工计划督促施工单位进行风险源识别和方案的编制,并对其工作情况进行检查。定期开展安全隐患排查,督促整改。对施工单位不能立即整改的安全隐患和问题,督促施工单位按整改计划改进,直至消除	查文件、记录,现场检查核对	对所列内容,未全面认真及时进行检查,每发现一处扣2分。对检查发现的问题没有监理措施,复查结果等,每发现一处扣2分。检查工作台账不清晰,可追溯性差,扣3分。发现重大隐患未发监理指令,扣5分。对施工单位重大隐患的检查和复查未附影像资料,发现一处扣1分。监理隐患排查走过场,扣5分		

续上表

序号	类别	考核项目	考核内容及评价标准	考核评价方法	扣分标准	得分	备注
3	安全检查与督促整改（30分）	3.1 安全检查（20分）	对重大隐患应要求施工单位立即停工整改,履行报告职责。 对检查发现的问题,及时督促施工单位整改。 对有关部门检查通报的问题,积极整改。 对有关部门通报施工单位存在的问题,认真督促整改。	查文件、记录,现场检查核对	指令、通知、记录不闭合,发现一份扣3分。 未对专项施工方案实施情况进行分析评价,扣5分。		
		3.2 考核评价（10分）	按照"平安工地"考核评价要求定期开展自我考核评价。 定期对施工单位开展考核评价。 考核评价资料真实、准确	查文件及资料	自我考核评价走过场或不及时,扣5~10分。 对施工单位的考核评价走过场或不及时,扣2~5分。 考核评价资料欠真实、准确,扣3~5分。		
4	监理人员管理（15分）	4.1 持证上岗（5分）	按照合同文件配置安全监理人员。 监理人员名册。 监理工程师持安全监理培训证	查名单、资料	安全监理人员不满足合同文件要求,每人扣1分。 未提供监理名册,扣1分。 未提供监理人员上岗及离岗记录（如考勤表等）,扣1分。 安全监理工程师未持安全监理培训证,发现一人扣1分。		
		4.2 监理人员内部培训教育（5分）	制订培训教育计划,对监理人员进行内部培训教育	查资料及记录	未组织培训教育,扣5分。 未制订培训教育计划或培训教育计划可行性不强,扣1~3分。 未按培训教育计划组织培训,扣1~2分。		
		4.3 安全监理日志（5分）	认真填写安全监理日志	查日志	安全监理日志不连续、签字不全或未经总监定期审查,发现一处（次）扣1分		
5	政府主管部门安全专项工作（8分）	政府主管部门安全专项工作落实情况（8分）	严格落实政府主管部门布置的安全专项工作。 安全专项工作应制订落实方案或工作计划。 按方案或计划执行到位。 制订"平安工地"建设方案,"平安工地"建设要求落实到所有监理人员	查文件、记录,现场核对	未按规定落实政府主管部门布置的安全专项工作,发现一次扣2分。 未制订安全专项工作方案或计划,发现一次扣4分。 安全专项工作落实不到位,发现一次扣2~4分。 未制订"平安工地"建设方案,扣8分,"平安工地"建设要求未落实到所有监理人员,扣3~5分		

续上表

序号	类别	考核项目	考核内容及评价标准	考核评价方法	扣分标准	得分	备注
6	档案管理（2分）	安全档案资料（2分）	安全资料归档及时、齐全，台账明晰	查台账、文件、资料及记录	安全档案资料不真实，发现一份扣2分。台账不全、不明晰，扣1～2分。资料不齐全，扣1～2分		
7	监理工作效能（40分）	所监理施工单位的考核评价情况（40分）	所监理的各施工合同段考核评价得分平均值×0.4即为监理工作效能得分	查考核评价资料	各施工合同段考核评价得分平均值×0.4即为监理工作效能得分		
实得分		应得分		（实得分/应得分）×100 =			

考核评价单位（盖章）：　　　　评价人：　　　　检查日期：　年　月　日

建设单位考核评价表（140分）　　　　　　　　　　　　　　　表12-7

项目名称：　　　　　　　　　　　　　　建设单位名称：

序号	类别	考核项目	考核内容及评价标准	考核评价方法	扣分标准	得分	备注
1	责任落实（20分）	1.1 组织机构及人员配备（5分）	建立专职安全管理部门。单位主要领导和分管领导、各部门安全责任明确，明确归口部门和责任人。内部层层签订安全责任书	查文件	未建立专职安全管理部门，扣3分。责任未落实或不明确，扣1～3分。未签订责任书，扣3分，责任书签订不规范，发现一份扣1分		
		1.2 规章制度（5分）	建立安全生产责任制度，建立检查及隐患排查整改、事故报告、应急管理、平安工地建设、安全奖惩、安全经费管理等制度	查文件	未见行文，扣5分。制度少一项，扣2分。制度针对性不强、可操作性差，扣1～2分		
		1.3 落实执行情况（5分）	认真执行国家、行业及上级有关工程安全管理工作要求。认真执行本单位的制度及要求	查文件、资料及会议记录等	执行过程中走过场、形式化，存在明显问题的，发现一处扣2～5分		
		1.4 风险评估（5分）	按要求组织开展桥隧工程施工安全风险评估。按要求对极高风险的施工作业组织专家论证。按要求组织开展其他风险评估工作	查资料、记录	未按要求组织开展桥隧工程施工安全风险评估，扣2～5分。极高风险的施工作业未按要求组织专家论证，发现一项扣3～5分。未组织其他风险评估工作的，发现一处扣2分		

续上表

序号	类别	考核项目	考核内容及评价标准	考核评价方法	扣分标准	得分	备注
2	安全生产费用（15分）	安全生产费用列支情况（15分）	安全生产费用不低于投标价的1.5%。按要求及时支付安全生产费用，并检查安全生产费用管理和使用情况	查招标文件及相关账目	在招投标文件中，未明确不低于1.5%的安全生产费用，安全生产费用未单独列出，扣10分。安全生产费用未及时支付，扣5分。安全生产费用管理和使用不符合要求，扣6~8分。		
3	安全生产条件管理（15分）	安全生产条件审查（15分）	开工前按照表12-3规定内容进行复核性审查。施工过程，对施工、监理单位履约情况进行不定期检查	查资料、记录	审查不严，存在明显问题的，扣10~15分。施工过程中，对施工、监理单位履约情况检查不严格，扣5~10分。		
4	检查考核（25分）	4.1 检查及隐患排查（10分）	建立检查及隐患排查计划，实行闭合管理。特殊时段安全检查、值守到位	查文件，查回复资料	不按计划开展检查及隐患排查工作，扣4~6分；检查没有记录，不闭合，发现一处扣2分。特殊时段安全检查没有工作安排，值守不到位，扣3~5分；没有检查、落实记录，发现一次扣2分		
		4.2 考核评价（15分）	定期开展"平安工地"自我考核评价。定期对施工和监理单位开展"平安工地"考核评价。考核评价资料真实、准确	查文件及资料	自我考核评价走过场或不及时的，扣4~6分。对施工和监理单位的考核评价走过场或不及时，扣6~10分。考核评价资料欠真实、准确，发现一处扣3分		
5	事故应急（15分）	5.1 事故报告（10分）	执行事故快报及月报制度	查台账及资料	未执行事故快报或瞒报迟报事故，扣10分。未执行月报制度，扣2分。发生事故未按"四不放过"原则进行处理，扣4~8分。未建立事故管理档案，扣2分		
		5.2 应急预案（5分）	编制项目应急预案，组织应急演练	查文件、记录	未编制预案，扣5分。预案针对性差或演练不及时，扣1~3分		

续上表

序号	类别	考核项目	考核内容及评价标准	考核评价方法	扣分标准	得分	备注
6	政府主管部门安全专项工作（10分）	政府主管部门安全专项工作落实情况（10分）	严格落实政府主管部门布置的安全专项工作。安全专项工作制订落实方案或计划等。按方案或计划执行到位。制订"平安工地"建设方案，"平安工地"建设要求落实到建设单位工程管理人员、监理单位及施工单位	查文件、资料及记录	未制订安全专项工作方案或计划，发现一次扣5分。安全专项工作落实不到位，发现一次扣2~4分。未制订"平安工地"建设方案，扣10分。"平安工地"建设要求未落实到位，扣3~5分。		
7	建设单位工作效能（40分）	所管理的监理单位和施工单位考核评价情况（40分）	监理单位各合同段考核评价得分平均值×0.1 + 施工单位各合同段考核评价得分平均值×0.3 即为建设单位工作效能得分	查考核评价资料	监理单位各合同段考核评价得分平均值×0.1 + 施工单位各合同段考核评价得分平均值×0.3 即为建设单位工作效能得分		
实得分			应得分		(实得分/应得分)×100 =		

考核评价单位（盖章）：　　　　　评价人：　　　　　　　检查日期：　年　月　日

附录1 "十类"危险性较大工程

危险性较大的分部分项工程范围

序号	危险性较大的分部分项工程	超过一定规模危险性较大的分部分项工程
1	不良地质条件下有潜在危险性的土方、石方开挖	1. 深度≥5m的基坑(槽)的土(石)方开挖; 2. 开挖深度虽未超过5m,但地质条件、周围环境和地下管线复杂,或影响毗邻建(构)筑物安全,或存在有毒有害气体分布的基坑(槽)的土方开挖、支护、降水工程
2	滑坡及高边坡处理	1. 滑坡量>1×10^{5}m^{3}的中型以上滑坡体处理。 2. 高度>20m土质边坡,或高度>30m岩质边坡
3	桩基础、挡土墙基础、深水基础及围堰工程	1. 深度≥15m的人工挖孔桩或开挖深度<15m,但地质条件复杂或存在有毒有害气体分布的人工挖孔桩工程; 2. 深度≥5m的挡墙基础。 3. 水深≥20m的深水基础;水深≥10m的围堰工程
4	桥梁工程中的梁、拱、柱等构件施工	1. 长度≥40m的预制梁的运输与安装,钢箱梁吊装; 2. 长度≥150m的钢管拱安装施工; 3. 高度≥40m的墩柱、高度≥100m的索塔等的施工
5	隧道工程中的不良地质隧道、高瓦斯隧道、水底海底隧道等	1. 隧道穿越高应力区、岩溶发育区、区域地质构造、煤系地层、采空区等工程地质或水文地质条件复杂地质环境; 2. 浅埋、偏压、连拱、小净距、大跨度、变化断面等结构受力复杂的隧道工程; 3. Ⅵ、Ⅴ级围岩连续长度占总隧道长度10%以上且连续长度超过50m以上; 4. 高瓦斯隧道; 5. 长度≥1000m的水底、海底隧道
6	水上工程中的打桩船作业、施工船作业、外海孤岛作业、边通航边施工作业等	1. 离岸无掩护条件下的桩基施工; 2. 开敞式水域大型预制构件的运输与吊装作业; 3. 沉箱的浮运与安装作业; 4. 深水防波堤施工; 5. 在三级及以上通航等级的航道上进行水上水下施工
7	水下工程中的水下焊接、混凝土浇注、爆破工程等	1. 水下爆破工程; 2. 30m水深以上的潜水作业(水下焊接、混凝土浇筑等)
8	爆破工程	爆破工程为C级及以上
9	大型临时工程中的大型支架、模板、便桥的架设与拆除;桥梁、码头的加固与拆除	1. 50m及以上落地式钢管脚手架工程。用于钢结构安装等满堂承重支撑体系,承受单点集中荷载7kN以上; 2. 混凝土模板支撑工程高度≥8m;跨度≥18m,施工总荷载≥15kN/m^2;集中线荷载≥20kN/m; 3. 挂篮、移动模架等模板施工工艺; 4. 便桥搭设、中型桥梁、中型码头的加固与拆除
10	其他危险性较大的工程	上跨下穿或邻近既有线施工、施工临时用电等

注:1. 本表摘自《公路水运工程施工安全标准化指南》(交通运输部质量监督局组织编写);
  2. 公路工程危险性较大工程范围应参照《公路工程施工安全技术规范》(JTG F90—2015)附录A。

附录2 公路水运工程施工安全生产基本制度清单

一、建设单位基本制度清单

1. 安全生产会议制度
2. 安全生产责任考核制度
3. 安全生产专项费用管理制度
4. 安全生产检查评价制度
5. 安全事故隐患排查治理制度
6. 施工安全风险评估管理制度
7. 生产安全事故报告制度
8. 危险性较大分部分项工程安全管理制度
9. "平安工地"考核评价制度
10. 安全生产奖惩制度
11. 安全生产应急管理制度
12. 安全生产责任制及考核制度*
13. 安全生产教育培训制度*

二、监理单位基本制度清单

1. 安全生产会议制度
2. 专项施工方案审查制度
3. 安全生产检查评价制度
4. 安全事故隐患督促整改制度
5. 特种设备复核制度
6. 安全生产专项费用管理制度
7. "平安工地"考核评价制度
8. 安全生产应急管理制度
9. 生产安全事故报告制度
10. 安全生产责任制及考核制度*
11. 安全生产教育培训制度*

三、施工单位基本制度清单

1. 安全生产会议制度

2. 安全生产责任制及考核制度
3. 安全生产专项费用使用制度
4. 安全生产检查评价制度
5. "平安工地"考核评价制度
6. 安全事故隐患排查治理制度
7. 安全生产教育培训制度
8. 施工安全技术交底制度
9. 施工安全风险评估管理制度
10. 专项施工方案的编制和审批制度
11. 安全生产应急管理制度
12. 生产安全事故报告制度
13. 施工设备安全管理制度
14. 劳动防护用品配备和管理制度
15. 施工现场消防安全责任制度
16. 危险品安全管理制度
17. 分包单位安全管理考评制度
18. 特种作业人员管理制度
19. 安全生产奖惩制度
20. 施工单位项目主要负责人带班制度
21. 施工作业操作规程
22. 其他法律法规和行业内规章制度

注：建设单位、监理单位中标*号的制度是内部管理制度。

附录3 施工现场作业"十项"禁令

一、高处作业"十不准"

1. 安全帽未系紧和安全带未挂牢不准作业。
2. 身体状况不适应不准从事高处作业。
3. 防护栏、安全网防护不到位不准作业。
4. 上下通道(梯子)不牢固不准上下攀登。
5. 脚手板绑扎不牢固不准作业。
6. 悬挂式脚手架悬挂点不牢固不准作业。
7. 模板支撑和绑扎好的钢筋不准攀登。
8. 工具材料不准相互和上下抛掷。
9. 六级强风和恶劣天气不准作业。
10. 其他安全措施不完备不准作业。

二、电气操作"十不准"

1. 未持特种操作证和未经岗前安全培训不准作业。
2. 未按规定穿戴绝缘靴和绝缘手套不准作业。
3. 没有可靠的安全防护不准带电作业。
4. 不符合TN-S标准不准供电。
5. 不使用电工专用工具不准作业。
6. 雷雨天气不准测定接地电阻。
7. 电路修理不准单人操作。
8. 不符合"三级配电""两级保护"不准供电。
9. 未实行"一机一闸"制不准供电。
10. 其他安全措施不完备不准作业。

三、电(气)焊作业"十不准"

1. 未持特种操作证和未经岗前安全培训不准作业。
2. 不按规定佩戴劳动保护用品不准作业。
3. 焊钳与焊把线连接不牢、绝缘不良不准施焊。
4. 未装回火装置、登记表损坏和两瓶距离不够不准施焊。
5. 雷雨天气不准露天施焊。
6. 搭接线连接不牢固不准施焊。

7. 周围有易燃易爆品未覆盖或未有效隔离不准施焊。
8. 更换场地不切断电源不准移动电焊机。
9. 燃烧的焊枪不准离手。
10. 其他安全措施不完备不准作业。

四、脚手架作业"十不准"

1. 未持特种操作证和未经岗前安全培训不准作业。
2. 不按规定佩戴劳动保护用品不准作业。
3. 未进行安全技术交底或交底不清不准作业。
4. 工具材料不准相互和上下抛掷。
5. 六级以上强风和恶劣天气不准作业。
6. 作业中不准跳跃架子。
7. 搭拆过程中不符合方案要求不准继续作业。
8. 与电力线路距离不够或未设防护措施不准作业。
9. 搭拆时地面未设置围栏或警戒标志不准作业。
10. 其他安全措施不完备不准作业。

五、起重作业"十不准"

1. 无特种操作证不准操作。
2. 身体不适不准操作。
3. 操作时不准闲聊和打瞌睡。
4. 无关人员不准随便进入驾驶室。
5. 吊钩不准过人头。
6. 作业时不准上车下车。
7. 吊物时不准长时间悬空。
8. 安全装置不准作为开关使用。
9. 三个动作不准同时开动。
10. 工作时间不准调整机器。

六、张拉作业"十不准"

1. 未经岗前安全培训不准作业。
2. 未进行安全技术交底或交底不清不准作业。
3. 张拉千斤顶未检定或检定周期超限不准作业。
4. 未确定联络信号或信号不良不准作业。
5. 锚具使用前未检验合格不准作业。
6. 高压油管未经耐压试验合格不准作业。
7. 油泵、千斤顶、锚具发现异常现场不准作业。
8. 千斤顶支架未与构件对准和不稳固不准作业。

9. 张拉时不准人员从千斤顶下面通过或停留。

10. 其他安全措施不完备不准作业。

七、钢筋作业"十不准"

1. 未经岗前安全培训不准作业。

2. 不按规定佩戴劳动保护用品不准作业。

3. 未进行安全技术交底或交底不清不准作业。

4. 工具和机械设备不合格不准作业。

5. 夜间照明不足不准作业。

6. 靠近架空线路未采取有效隔离措施不准作业。

7. 雷雨天气不准进行露天作业。

8. 操作平台不稳固不准作业。

9. 不准在绑扎好的钢筋或模板支撑上行走和攀登。

10. 其他安全措施不完备不准作业。

八、混凝土作业"十不准"

1. 未经岗前安全培训不准作业。

2. 不按规定佩戴劳动保护用品不准作业。

3. 作业场所的环境和安全状况不符合规定不准作业。

4. 工具设备不合格不准作业。

5. 夜间照明不足和未使用安全电压工作灯不准作业。

6. 使用振动泵时电源线有破皮漏电现象不准作业。

7. 人工推送混凝土未在坡道上设置防滑装置不准作业。

8. 混凝土吊斗未停稳不准下料。

9. 拌和机运转时不准将工具伸入筒内作业。

10. 其他安全措施不完备不准作业。

九、运输车辆驾驶员"十不准"

1. 证照不全或证照与车辆不符不准开车。

2. 饮酒后或身体疲劳不准开车。

3. 车辆有故障不准开车。

4. 不准超载、超员、超速开车。

5. 客货混载不准开车。

6. 道路状况不明不准开车。

7. 货物装载不稳或捆扎不牢不准开车。

8. 自卸车未检视上方和周围环境不准卸车。

9. 机动翻斗车与槽坑安全距离不够不准卸车。

10. 不准违反交通规则。

十、进入施工现场"十不准"

1. 未戴安全帽不准进入施工现场。
2. 未穿救生衣不准进入水上施工现场。
3. 饮酒后不准进入施工现场。
4. 穿高跟鞋、拖鞋不准进入施工现场。
5. 赤脚赤膊不准进入施工现场。
6. 带小孩不准进入施工现场。
7. 闲杂人员不准进入施工现场。
8. 外来人员无工地人员陪同不准进入施工现场。
9. 外界车辆未经许可不准进入施工现场。
10. 非施工船舶未经许可不准进入施工水域。

附录4 安全生产用表表格样式

工程项目开工前安全生产条件核查表

皖交安表-01

项目名称：

序号	安全生产条件核查内容	需附资料	是否满足	存在问题说明
1	建设单位安全生产费用提取及使用符合国家行业相关要求	附招标文件安全生产费用标准（工程量清单）		
2	建设、监理、施工单位三方签订安全生产管理协议，明确各方安全职责	附签订的安全生产协议书复印件		
3	建设单位设置安全生产管理部门。施工单位设置安全生产管理机构，配备人数、人员素质与工程规模相匹配。监理单位设置专职安全监理工程师岗位	附相关文件复印件等		
4	施工单位安全生产许可证有效	附施工单位安全生产许可证复印件		
5	施工单位安全管理人员持"三类人员"考核培训合格证书上岗，进场"三类人员"资格、实际岗位与合同文件或变更文件对应	附"三类人员"花名册，并附证书复印件，提供合同文件及相应管理文件、工作记录		
6	已进场的特种作业人员操作资格证书有效，与相应工作对应	附特种作业人员花名册，并附证书复印件		
7	制订主要施工设备进场计划，已进场主要施工设备出厂合格证或检验资料证明及报验计划齐全	附施工设备进场计划，附进场主要施工设备出厂合格证或检验资料证明复印件和报验计划		
8	施工组织设计中要编制安全措施和现场临时用电方案，且经监理审批	附经监理审批的施工组织设计和临时用电方案		
9	拟开工且超过一定规模的危险性较大工程专项施工方案有专家论证报告	附论证记录文件或报告		
10	主要施工风险已辨识评估，并制订预控措施	附主要施工风险辨识评估及预控措施资料		
11	拟开工的分部分项工程，施工单位应对从业人员开展安全生产教育培训	附培训记录		
12	监理工程师持证符合要求，安全监理人员按要求进场，并编制安全监理规（计）划	附安全监理人员名单及安全监理资格证书复印件，并附安全监理计划		

注：建设单位向交通运输主管部门报备时，1~4项应附附件资料，其余项附建设单位核查意见。

建设单位（盖章）： 核查人： 核查日期： 年 月 日

皖交安表-02

安徽省公路水运重点工程建设项目
安全生产责任登记表

项目名称:＿＿＿＿＿＿＿＿＿＿

填报日期:＿＿＿年＿＿月＿＿日

安全生产责任登记表填写说明

1. 本安全生产责任登记表格由项目法人、勘察单位、设计单位、施工单位、监理单位等分别填写,填表单位要盖公章,各责任人要签字。

2. 皖交安表-02-1、皖交安表-02-2 作为项目监督申请附件一同报项目质监机构。

3. 皖交安表-02-3～皖交安表-02-5 为参考格式,具体表格和内容由项目法人单位负责提供,根据现场实际情况由责任单位及时填写,同时向建设单位报备备查。项目法人应根据有关法律法规和规章制度的规定,结合工程建设实际情况,详细划分责任单位各岗位、各环节责任人的具体职责。其中,施工单位的安全责任应分解到单位工程。安全生产责任登记表中的责任人所承担的安全责任内容应能够覆盖整个工程建设期,不得缺漏。项目法人对安全生产责任登记表的完整性、真实性、符合性和及时性负责。

4.《公路水运重点工程建设项目勘察设计单位安全生产责任登记表》中"证书及编号"填写勘察设计人员"注册证书编号或职称证编号","在岗时间"为本工程勘察设计在岗时间。

5.《公路水运重点工程建设项目施工单位安全生产责任登记表》中"证书及编号"填写"安管人员"证书及等级和编号,"在岗时间"为本工程在岗时间。

6.《公路水运重点工程建设项目监理单位安全生产责任登记表》中"单位名称"栏上加盖监理单位公章,"证书及编号"填写监理证书及等级和编号,"在岗时间"为本工程实际在岗时间。项目法人可参照监理单位安全生产责任登记表,开展工地试验室安全责任登记。

7. 本表由项目建设单位统一汇总并装订成册。

附录 4 安全生产用表表格样式

公路水运重点工程建设项目参建单位安全生产责任登记汇总表

皖交安表-02-1

项目名称：

项目基本情况	批准概算（预算）				
	施工许可批准时间				
	工期和起讫时间				
	安全生产管理目标				
	安全生产责任人			所承担安全生产责任	责任人签字
建设单位	单位名称			项目建设管理责任	
	法定代表人				
	项目负责人				
勘察单位	单位名称			勘察责任	
	合同段号				
	法定代表人				
	项目负责人				
设计单位	单位名称			设计责任	
	合同段号				
	法定代表人				
	项目负责人				
施工单位	单位名称			主体责任	
	合同段号				
	法定代表人				
	项目负责人				
监理单位	单位名称			监理责任	
	合同段号				
	法定代表人				
	项目负责人				
项目法人审核意见	签章： 年 月 日				

填表人： 年 月 日

注：本表由项目法人组织统一填报，内容可增加；施工、监理单位以附表方式填写，可另附页。

公路水运重点工程建设项目建设单位安全生产责任登记表

皖交安表-02-2

项目名称：

单位名称			承担工作内容		
安全生产责任人			在岗时间	所承担安全生产责任	责任人签名
项目办主任	姓名			项目安全管理第一责任人	
	身份证号				
	职称证及编号				
项目办副主任	姓名			项目安全管理主要责任人	
	身份证号				
	职称证及编号				
项目技术负责人	姓名			项目安全生产管理技术领导第一责任人	
	身份证号				
	职称证及编号				
安全部负责人	姓名			项目安全管理直接责任人	
	身份证号				
	职称证及编号				
工程部负责人	姓名			项目安全管理主要责任人	
	身份证号				
	职称证及编号				
合同部负责人	姓名			项目安全管理主要责任人	
	身份证号				
	职称证及编号				
项目法人审核意见			签章：		年 月 日

填表人： 年 月 日

注：本表由建设单位填报，内容可增加。如系代建单位，亦应按要求填写本表。

附录4 安全生产用表表格样式

公路水运重点工程建设项目勘察设计单位安全生产责任登记表

皖交安表-02-3

项目名称： 合同段号：

单位名称						
			承担工作内容			
资质等级及证书编号						
安全生产责任人			在岗时间	所承担安全生产责任	责任人签名	
法定代表人	姓名			单位安全生产 第一责任人		
	身份证号					
单位技术负责人	姓名			单位安全生产 技术领导 第一责任人		
	身份证号					
	证书及编号					
项目负责人	姓名			项目设计 安全生产 第一责任人		
	身份证号					
	证书及编号					
勘察负责人	姓名			项目勘察 安全生产 第一责任人		
	身份证号					
	证书及编号					
路线设计 负责人	姓名			项目路线设计 安全生产 第一责任人		
	身份证号					
	证书及编号					
桥梁设计 负责人	姓名			项目桥梁设计 安全生产 第一责任人		
	身份证号					
	证书及编号					
隧道设计 负责人	姓名			项目隧道设计 安全生产 第一责任人		
	身份证号					
	证书及编号					
交安设施 设计负责人	姓名			项目交安设施 设计安全生产 第一责任人		
	身份证号					
	证书及编号					
分包负责人	姓名			分包工程安全生产 第一责任人		
	身份证号					
	证书及编号					
项目法人 审核意见				签章：		年 月 日

填表人： 年 月 日

注：本表由勘察设计单位填报,内容可增加；若勘察、设计系两个单位,则分别填报。如有分包,勘察设计单位应填写本单位负责该分包工程管理的责任人。

公路水运重点工程建设项目施工单位安全生产责任登记表

皖交安表-02-4

项目名称：　　　　　　合同段号：

单位名称				承担工作内容		
资质等级及证书编号						
安全生产责任人			在岗时间	所承担安全生产责任	责任人签名	
法定代表人	姓名			单位安全生产第一责任人		
	身份证号					
单位技术负责人	姓名			单位安全生产技术领导第一责任人		
	身份证号					
	证书及编号					
项目经理	姓名			项目施工安全生产第一责任人		
	身份证号					
	证书及编号					
项目安全副经理	姓名			项目施工安全生产直接责任人		
	身份证号					
	证书及编号					
项目生产副经理	姓名			项目施工安全生产主要责任人		
	身份证号					
	证书及编号					
项目技术负责人	姓名			项目施工安全生产技术第一责任人		
	身份证号					
	证书及编号					
安全部负责人	姓名			项目安全生产直接责任人		
	身份证号					
	证书及编号					
现场施工负责人	姓名			单位工程施工安全生产第一责任人		
	身份证号					
	证书及编号					
专职安全员	姓名			项目(合同段)安全生产负直接管理责任		
	身份证号					
	证书及编号					
班组长	姓名			班组安全生产第一责任人		
	身份证号					
	作业内容					
监理单位初审意见			签章：　　　　　　　　　　　年　月　日			
项目法人审核意见			签章：　　　　　　　　　　　年　月　日			

填表人：　　　　　　　　　　　　　　　　　　　　　　　　　　年　月　日

注：本表为总表，由施工单位填报，内容可增加，建设单位可参照此表按单位工程制定新的表格分别填写备案(单位工程责任登记表中，删除法定代表人、单位技术负责人栏)；若涉及分包工程，由施工单位参照此表另行填报；设二级监理机构的，由驻地办签署初审意见。

附录4 安全生产用表表格样式

公路水运重点工程建设项目监理单位安全生产责任登记表（一）

皖交安表-02-5a

项目名称：　　　　　　　　合同段号：

单位名称				承担工作内容		
资质等级及证书编号						
安全生产责任人			在岗时间	承担安全生产责任	责任人签名	
法定代表人	姓名			单位安全生产第一责任人		
	身份证号					
总监理工程师	姓名			项目安全生产全面监理第一责任人		
	身份证号					
	证书及编号					
总监代表	姓名			项目安全生产全面监理主要责任人		
	身份证号					
	证书及编号					
安全监理工程师	姓名			项目（合同段）安全生产全面监理直接责任人		
	身份证号					
	证书及编号					
专业监理工程师	姓名			项目（合同段）安全生产全面监理主要责任人		
	身份证号					
	证书及编号					
安全监理员	姓名			项目（合同段）安全生产直接监理责任人		
	身份证号					
	证书及编号					
项目法人审核意见				签章：　　　　　　　　年　月　日		

填表人：　　　　　　　　　　　　　　　　　　　　　　　　　　　　　年　月　日

注：本表由总监办按照各自职责分别填报，内容可增加。

公路水运重点工程建设项目监理单位安全生产责任登记表（二）

皖交安表-02-5b

项目名称：　　　　　　　　合同段号：

单位名称				承担工作内容		
资质等级及证书编号						
安全生产责任人				在岗时间	承担安全生产责任	责任人签名
法定代表人	姓名				单位安全生产第一责任人	
	身份证号					
驻地监理工程师（组长）	姓名				合同段安全生产全面监理第一责任人	
	身份证号					
	证书及编号					
副驻地监理工程师（副组长）	姓名				合同段安全生产监理主要责任人	
	身份证号					
	证书及编号					
安全监理工程师	姓名				项目（合同段）安全生产全面监理直接责任人	
	身份证号					
	证书及编号					
专业监理工程师	姓名				项目（合同段）安全生产全面监理主要责任人	
	身份证号					
	证书及编号					
安全监理员	姓名				项目（合同段）安全生产直接监理责任人	
	身份证号					
	证书及编号					
驻地办初审意见				签章：　　　　　　　年　月　日		
项目法人审核意见				签章：　　　　　　　年　月　日		

填表人：　　　　　　　　　　　　　　　　　　　　　　　　　　年　月　日

注：本表由驻地监理按照各自职责分别填报，内容可增加。

危险性较大分部分项工程清单

皖交安表-03

项目名称：

序号	标段	位置/桩号	分部分项工程名称	拟开工时间	是否超过一定规模	有无安全管理措施	备注

填表人：　　　　　　　　　　　　　　复核人：　　　　　　　　　　　　　　年　月　日

注：本表由项目建设单位填写，在申请领取施工许可证时提供本清单和安全管理措施。

全员劳动用工登记台账

皖交安表-04

承包人： 登记日期 年 月 日

合同号：

序号	姓名	性别	身份证号	作业队名称/班组	工种/岗位	三级教育编号	进场时间	离场时间	备注

注：要求将人员身份证复印件附于表后。

附录4 安全生产用表表格样式

特种作业人员登记台账

皖交安表-05

合同号：　　　　　　　　承包人：　　　　　　　　登记日期　年　月　日

序号	姓名	身份证号	证书编号	操作（作业）类别/项目	有效期	进场时间	离场时间	备注

注：要求将特种设备操作人员资格证复印件附于表后。

企业三级安全教育登记表

皖交安表-06

项目名称：　　　　　合同号：　　　　　承包人：　　　　　教育编号：

姓名		性别		年龄		贴相片
身份证号						
家庭住址						
来工地时间						
工作部门及班组						
教育级别、层次		公司安全教育		项目部安全教育		班组安全教育
教育实况	规定教育学时	15		15		20
	实际教育学时					
	主要学习课程					
	考试成绩					
各级教育负责人签字	姓名					
	日期					

注：1. 本表为职工三级安全教育的依据，必须如实填写。

2. 本表经施工单位加盖公章后存档。

3. 从业人员在本单位内调整工作岗位或离岗一年以上重新上岗时，应当重新接受项目部和班组级的安全培训。待岗超过6个月重新上岗的一线工人需重新进行班组级的安全培训。

4. 附教育内容。

附录4　安全生产用表表格样式

一线工人业余学校教育表

皖交安表-07

合同号：		承包人：		共　页第　页	
培训时间		培训地点			
授课老师		授课方式			
培训对象		外部参加人员签字			

培训内容：

参加人员签字：

序号	姓名	工种	签字	序号	姓名	工种	签字

注：1."外部参加人员签字"栏为建设单位、监理单位等有关安全管理人员到授课现场时签字。
　　2.授课前根据用工名册打印序号、姓名、工种栏。

班 前 会 教 育 表

皖交安表-08

合同号：　　　　　　　　　承包人：　　　　　　　　　共　页第　页

工程名称（班组名）		日期	
天气情况		记录人	
施工内容		注意事项	
班组长签字		安全员签字	

参加班前会人员名单	序号	姓名	工种	签名	序号	姓名	工种	签名
外部参加人员签字								

注：1."参加班前会人员名单"栏由工人本人填写，严禁代签。
2. 由班组长录入工人姓名，可根据工人名册打印序号、姓名、工种栏。
3. 安全员及时审查班前会情况。
4. "外部参加人员签字"栏为建设单位、监理单位等安全管理人员参加班前会时签字。

附录4 安全生产用表表格样式

特种设备台账

皖交安表-09

合同号：　　　　　　　　　　　　　　　　　　　　　　　　　　　　　　　登记日期：　年　月　日

承包人：

序号	设备名称	型号规格	注册编号	制造厂家	使用状态	使用位置	下次检验日期	进场时间	离场时间	备注

填表人：　　　　　　　　　　　复核人：　　　　　　　　　　　监理工程师：

特种设备附件台账

皖交安表-10

合同号：　　　　　　承包人：　　　　　　登记日期：　　年　月　日

序号	附件名称	型号/规格	出厂编号	制造厂家	使用状态	安装位置	下次检验日期	进场时间	离场时间	备注

填表人：　　　　　　复核人：　　　　　　监理工程师：

附录4 安全生产用表表格样式

特种设备使用前检查记录表

皖交安表-11

合同号：　　　　　　　承包人：

设备名称		使用日期		天气	
				风力	
主机运行					
附件运行					
连接部位					
基础部位					
工作环境（作业范围内安全隐患）					
注意事项					

操作手：　　　　　　　专职安全员：

起重设备试吊记录表

皖交安表-12

合同号： 承包人： 编号：

设备名称		型号规格	
使用部位		进场时间	
序号	验收项目	运行情况	验收结果
1	试吊环境		
2	空载试验		
3	满载试验		
4	超载试验		
验收结论意见			

验收人员： 日期： 年 月 日

安全生产物资购置台账（_____年）

皖交安表-13

合同号：
承包人：

序 号	物品名称	规格型号	购置数量	购置日期	验收人	备 注

填表人：
注：验收人一般为施工单位安全部负责人。

皖交安表-14

安全生产物资领用台账（_____年）

合同号：　　　　　　　　　　　　　　　　承包人：

序号	物品名称	规格型号	领用数量	领用日期	领用班组	领用人	发放人	备注

填表人：

附录4 安全生产用表表格样式

消防器材使用管理台账(_____年)

皖交安表-15

合同号:　　　　　　　　　　　　　　　　　承包人:

序号	责任区/配置位置	消防器材名称	规格型号	数量	巡检日期	责任人	巡检状态	备注

填表人:

专项施工方案登记台账（_____年）

皖交安表-16

合同号：　　　　　　　　　　　　　　承包人：

序号	方案名称	是否专家论证	上报日期	驻地办审核日期	总监办审批日期	项目办审批日期	备注

填表人：

附录 4　安全生产用表表格样式

安全技术交底台账

皖交安表-17

合同号：　　　　　　　承包人：　　　　　　　　　　　　　共　页第　页

序　　号	交底内容	日期	交底对象	所属部门/班组	交底人

填表人：

安全技术交底记录表

皖交安表-18

合同号：　　　　　　　　承包人：

共　页第　页

工程名称		部门/班组/工种	
交底人		交底时间和地点	
交底内容	（一）工作场所、岗位的危险因素；　　□ （二）危险岗位的操作规程；　　　　　□ （三）违章操作的危害；　　　　　　　□ （四）安全事故和职业危害的防范措施；□ （五）发生紧急情况时的应急措施；　　□ （六）其他应当告知的事项；　　　　　□ （七）相关技术方案等。　　　　　　　□ ……		

被交底人签名：

序号	姓名	签名	备注	序号	姓名	签名	备注

注：1. 交底前根据人员名册打印"序号""姓名"栏；
　　2. 交底内容在选中处打√，具体交底内容必须以附件形式附后。

附录 4 安全生产用表表格样式

危 险 源 防 控 表

皖交安表-19
共 页第 页

合同号：　　　　　　　　　　　承包人：

序号	工程项目	预警单元	存在问题或隐患	监控方法和防治措施	现场负责人	监控检查记录	检查人签名

登记人：　　　　　　　　复核人：　　　　　　　　日期：

预警单元划分表

皖交安表-20

合同号：　　　　　　　　承包人：　　　　　　　　共　页第　页

序　号	工程项目	预警单元 （桩号或位置）	主要危险源	备　注

填表人：　　　　　　　　复核人：　　　　　　　　日期：

应急预案登记台账

皖交安表-21

合同号：　　　　　　承包人：　　　　　　　　　　　　　　　　　　　　　　共　页第　页

序号	预案名称	编制日期	编制人员	审核审批情况	执行情况	备注

填表人：

应急预案演练台账

皖交安表-22

合同号：　　　　　　　　承包人：　　　　　　　　共　页第　页

序　号	演练内容	演练方式	演练日期	演练对象	备　注

注：演练方式是指桌面演练、书面演练、现场演练。

填表人：

附录4　安全生产用表表格样式

应急预案演练记录表

皖交安表-23

合同号：　　　　　　　承包人：　　　　　　　编号：

组织单位		演练时间	
演练地点		演练对象	
指导老师		演练方式	
班组负责人			
班组名称及成员			
组织演练人员数量			
演练要求及完成情况			
存在问题及改正情况			
演练效果			
填报人		日期	

注："演练方式"是指桌面演练、书面演练和现场演练。

安全生产专项检查记录表

皖交安表-24

合同号： 　　　　　承包人： 　　　　　编号：

受检单位		检查单位	
天气情况		检查日期	

检查内容：

一、存在主要问题及整改方法、措施

二、有关要求

受检单位负责人签名： 　　　　　检查人员签名：

年　月　日

注：检查单位、受检单位等各留存一份。

附录 4　安全生产用表表格样式

安全隐患整改通知单

皖交安表-25

合同号：　　　　　　承包人：　　　　　　编号：

工程名称		检查日期	
检查部门		检查形式	
桩号及部位			

存在问题：

整改意见：

签发人：	签收人：
年　月　日	年　月　日

安全隐患整改结果回复单

皖交安表-26

合同号：		承包人：		编号：	
工程名称			桩号及部位		

存在问题整改情况：

整改后自查结果：

专职安全员：　　　　　年　月　日

安全管理负责人：　　　　年　月　日

复查意见：

安全监理工程师：

年　月　日

公路水运工程事故隐患排查与治理台账

皖交安表-27

检查单位：

序 号	检查日期	所在标段	文件编号	隐患内容	整改责任人	整改落实情况	备 注

填表人：

皖交安表-28-a

施 工 安 全 日 志

(　年 月 日至 　年 月 日)

工 程 名 称：_____

施 工 单 位：_____

安 全 员：_____

附录4 安全生产用表表格样式

施 工 安 全 日 志

皖交安表-28-b

日期	年 月 日	天气		安全员	
今日主要工作内容					
安全生产情况	有无事故发生：	有□		无□	
	事故简要情况				
	每工点是否召开班前会：	是□		否□	
	现场存在隐患				
	隐患整改情况				
次日主要工作内容	工点数				
可能存在的危险源					
危险源是否向班组长告知： 是□ 否□					
分管安全副经理、安全总监:(签字)					

皖交安表-29-a

电 工 巡 查 日 志

(　年 月 日至　 年 月 日)

工程名称：_____

施工单位：_____

电　　工：_____

附录4　安全生产用表表格样式

电工巡查维修日志

皖交安表-29-b

合同号：　　　　　　　承包人：　　　　　　　编号：

巡查范围			巡视维修日期	年　月　日	电工姓名	
序号	巡视检查项目	巡视检查内容			发现隐患	维修情况
1	接地与接零保护系统	1. 保护零线正确、牢固可靠。□ 2. 重复接地不少于3处。□				
2	配电箱开关箱	1. 总配电箱中应在电源隔离开关的负荷侧装置漏电保护器，参数符合要求，并灵敏可靠。□ 2. 开关箱漏电保护装置在设备负荷侧，参数符合要求，灵敏可靠。□ 3. 固定电箱安装位置正确，高度在1.4~1.6m。□ 4. 移动电箱安装高度在0.8~1.6m。□ 5. 电箱底进出线，不混乱，箱内无杂物，有门有锁，有防雨措施。闸具齐全完好。□ 6. 一闸一机，标识清楚。□				
3	现场照明	1. 现场照明回路有漏电保护器，并灵敏可靠。□ 2. 灯具金属外壳已做接零保护。□ 3. 室内灯具低于2.4m的使用安全电压供电。□ 4. 手持照明灯具使用36V以下安全电压照明。□				
4	配电线路	1. 电线无老化、破皮，有线路过道保护。□ 2. 架空或埋地线路符合规范要求。□				
5	电器装置电气设备	1. 闸具、熔断器参数与设备容量匹配，没有用其他金属丝代替熔断丝。□ 2. 电气设备连接PE线，设备标识清楚。□				
6	变配电装置	1. 变压器设置符合规定要求；配电间符合规范要求，并有可靠安全的防护设施，及正确悬挂警告标志，门应朝外开，有锁。□ 2. 配电室内不得堆放杂物，并设有消防器材。□ 3. 发电机组及其配电室内严禁存放储油桶，发电机设有短路、负荷保护。□				
7	其他	除以上内容外检查内容				

注：电工按检查内容逐项检查，无问题打√，有问题在发现隐患中说明，填写维修情况。

皖交安表-30-a

领 导 带 班 生 产 日 志

(　年 月 日至　 年 月 日)

工程名称：_____

施工单位：_____

附录 4 安全生产用表表格样式

领导带班生产日志

皖交安表-30-b

合同号：　　　　　　　承包人：　　　　　　　编号：

姓名		职务	
日期		天气	

工作内容及处理事项	带班工作内容	存在问题	整改情况

交接事项	签字： 年　月　日
备注	

夜间施工申请表

皖交安表-31

合同号： 　　　　承包人： 　　　　编号：

施工日期				天气	
施工时间段			施工部位/桩号		
作业内容					
负面清单（简述）	不利条件		处置措施		
值班人员	岗位		姓名		备注
	带班领导				
	现场负责人				
	技术员				
	安全员				
	电工				

致_____：

我单位根据夜间施工方案，拟进行夜间施工，特此上报，请予审查。

负责人(签字)： 　　　　(盖章)

年 月 日

监理单位审核意见：

监理工程师(签字)： 　　　　(盖章)

年 月 日

注：此表以工点为作业单元填写。

皖交安表-32-a

安徽省公路水运工程安全生产

（　　）

月

报

表

填 报 单 位：_____
安全生产负责人：_____
项 目 负 责 人：_____
填 表 时 间：_____年__月__日

皖交安表-32-b

项目名称：

存在的主要问题及整改意见(按标段填写)：

检查人员(签名)：

年 月 日

皖交安表-33-a

施工安全重大危险源辨识与防控措施

(　　)

月

报

表

填报单位：_____
填 报 人：_____
填表时间：_____

皖交安表-33-b

主要内容：
(1) 遗留的安全问题是否解决；
(2) 下月工作内容是否符合工程实际；
(3) 有无危险性较大工程（工序）实施；
(4) 有无气象灾害、地质灾害等发生可能；
(5) 有无新工人、新设备进场；
(6) 安全管理工作的要求等。

附录4 安全生产用表表格样式

施工重大危险源辨识与防控措施一览表（ 月）

皖交安表-33-c

本月施工进度总体安排：

本月易发生的安全事故类型：

序号	重大危险源清单	危险致因	事故类型	危险源防控措施

编制人：　　　　　　　　　　　　审核人：　　　　　　　　　　　　安全监理工程师：

填表说明：(1) 危险源清单为公路水运工程施工工序或其所采用的具体工艺；
　　　　　(2) 危险致因是导致发生事故的原因；
　　　　　(3) 事故类型即为本危险致因可能发生的事故类型。

皖交安表-33-d

施工单位意见：
责任人签字（章）： 年 月 日

驻地办意见：
责任人签字（章）： 年 月 日

总监办意见：
责任人签字（章）： 年 月 日

建设单位意见：
责任人签字（章）： 年 月 日

附录4 安全生产用表表格样式

事故应急处置记录表

皖交安表-34

事故单位			事故时间	
事故概述				
应急处置记录				
施工单位负责人意见				
监理单位意见				
建设单位意见				

备注：详细记录事故的应急处置时间、地点、处置方式及处置经过。

安全生产重大险情快报表

皖交安表-35

项目名称：

发现险情时间		年	月	日	时	分
发生险情合同段（地点）			险情发生部位			
险情简要经过和可能后果，采取的抢险或避险措施以及险情发展与控制情况						
报告单位	单位负责人签名：			单位公章：		
					年 月 日	

填表人：　　　　　　　联系方式：

附录4 安全生产用表表格样式

交通建设工程生产安全事故快报表

皖交安表-36

填报单位(签章):

1. 事故基本情况			
1.1 事故发生日期与时间		1.2 天气气候	
1.3 工程名称		1.4 所在地	
1.5 工程分类		1.6 工程等级	
1.7 建设类型		1.8 事故发生部位	
1.9 事故发生作业环节		1.10 事故类别	
1.11 工程概况			
1.12 事故简要经过和抢险救援情况			
1.13 事故原因初步分析			
2. 从业单位基本信息			
2.1 建设单位		2.2 设计单位	
2.3 施工单位		2.4 监理单位	
3. 事故人员伤亡及经济损失情况			

	计量单位	合计	管理人员	技术人员	企业聘用工人	非本企业劳务人员	其他人员
甲	乙	1	2	3	4	5	6
死亡人数	人						
其中:现场死亡人数	人						
失踪人数	人						
受伤人数	人						
其中:重伤人数	人						
预估直接经济损失(万元)							

单位负责人:　　填表人:　　联系电话:　　填报时间: 201 年 月 日 时 分
填表说明:本表填报范围为全国公路水运工程项目。

皖交安表-36 附注：交通建设工程生产安全事故快报表填写说明

一、本表填报范围为全国公路水运工程项目。
二、填报说明：
1. 事故发生时间：具体填写为年、月、日、时、分，采用24小时制。
2. 工程名称及所在地：工程名称填写发生事故的具体项目名称（包括路线或港区名称，标段号及桩号，为结构物或场所时需填写具体名称）；所在地为发生事故地点所在行政区域，填写至县级（区、市、旗）。
3. 工程分类及等级、建设类型。
（1）工程分类。公路工程：01 路基及边坡、02 基层或路面、03 桥梁、04 隧道、05 交通安全设施、06 三大系统工程、07 绿化工程、08 服务区及收费亭工程、09 附属临时工程［办公生活区、拌和场、预制场、材料加工场、便道（包含便桥和临时码头）］、10 其他公路工程；水运工程：11 港口工程、12 独立船闸工程、13 航道疏浚整治工程（不含船闸工程）、14 修造船水工工程、15 防波堤和导流堤等水工工程、16 航电枢纽工程、17 吹填造陆及软基处理工程、18 附属临时工程［办公生活区、拌和场、预制场、材料加工场、便道（包含便桥和临时码头）］、19 其他水运工程。
（2）工程等级。公路按照《公路工程技术标准》（JTG B01—2014）划分为01 高速公路、02 一级公路、03 二级公路、04 三级公路、05 四级公路；水运工程按照《内河通航标准》（GB 50139—2014）和《海港总体设计规范》（JTS 165—2013）等标准划分为01 深水码头、02 非深水码头、03 高等级航道、04 非高等级航道、05 其他。
（3）建设类型。01 新建、02 改建、03 扩建、04 拆除、05 加固。
4. 天气气候。填写事故发生当天的天气情况：01 晴、02 阴、03 雨、04 雪、05 雾、06 风。
5. 事故发生部位。公路工程：01 路基、02 边坡、03 基层或路面、04 桥梁基坑、05 桥梁桩基、06 桥墩（柱、塔）、07 桥梁台帽、08 梁板边沿、09 隧道洞口、10 隧道成洞（完成二次衬砌施工）、11 隧道半成洞（未完成二衬施工）、12 掌子面、13 其他（须注明）；水运工程：14 沉箱、15 码头桩基、16 水底、17 水工基坑、18 码头上部、19 防波堤或导流堤、20 护岸、21 港口陆域（吹填造陆和软基处理形成）、22 航道、23 船坞、24 通航建筑物；25 其他（须注明）。通用部位：26 临时办公生活区、27 拌和场、28 预制场（除起重机具等）、29 材料加工场、30 建筑物拆除现场、31 建筑物加固现场、32 桁架结构物、33 房屋建筑物、34 便道便桥、35 临时码头、36 其他（须注明）。
6. 事故发生作业环节。01 模板、02 脚手架、03 支架、04 施工机具、05 施工车辆、06 塔吊、07 龙门吊、08 架桥机、09 自行式起重设备、10 施工电梯、11 临时用电箱（线）、12 外电线路、13 危险品、14 施工材料、15 张拉作业、16 拌和作业、17 船上作业、18 水下作业（爆破、焊接、检查等）、19 水上作业、20 水上预制构件吊装、21 水上抛石、22 沉排铺排及充沙袋、23 其他（须注明)。

7. 事故类别。按国标《企业职工伤亡事故分类》(GB 6441—1986)分为：01 物体打击、02 车辆伤害、03 机械伤害、04 起重伤害、05 触电、06 淹溺、07 灼烫、08 火灾、09 高处坠落、10 坍塌、11 冒顶片帮、12 透水、13 放炮、14 火药爆炸、15 瓦斯爆炸、16 锅炉爆炸、17 容器爆炸、18 其他爆炸、19 中毒和窒息、20 其他伤害(须注明)。

8. 工程概况。工程建设情况(包括开工完工时间、建设规模、投资方式、管理方式；如为公路工程需填写建设里程、桥隧比例等基础数据以及完成情况；如为水运工程需填写港口建设等级等基础数据以及完成情况)；对于不能完整填写的，必须在月报表中续报。

9. 事故简要经过和抢险救援情况。要求能够叙述清楚事故发生过程、应急管理、现场处置情况。

10. 原因初步分析。初步分析事故发生主要原因。

11. 预估直接经济损失。根据《企业职工伤亡事故经济损失统计标准》(GB 6721—1986)预估经济损失。

12. 死亡、失踪、重伤分类。死亡和失踪：在事故发生后 30 天内死亡的(因医疗事故死亡的除外，但必须得到医疗事故鉴定部门的确认)，均按死亡事故报告统计。如果来不及在当月统计的，应在下月补报。超过 30 天死亡的，不再进行补报和统计。失踪 30 天后，按死亡进行统计。重伤：永久性丧失劳动能力及损失工作日等于或超过 105 日的暂时性全部丧失劳动能力伤害。在 30 天内转为重伤的(因医疗事故而转为重伤的除外，但必须得到医疗事故鉴定部门的确认)，均按重伤事故报告统计。如果来不及在当月统计，应在下月补报。超过 30 天的，不再补报和统计。

13. 死亡、失踪、重伤人员类型。01 管理人员、02 技术人员、03 企业聘用工人、04 非本企业劳务人员、05 其他人员(如与工程项目施工无关人员)。

14. 从业单位基本信息。应填报相关从业资质名称、证号和发证机构。施工单位还应注明安全生产许可证号及发证机关，项目经理和专职安全员的姓名及安全考核证书编号。

附录 5 公路水运工程重大事故隐患清单

公路工程重大事故隐患清单（行业基础版）

工程类别	施工环节	隐患编号	隐患内容	易引发事故类型	判定依据
工程管理	方案管理	GG-001	未按规定编制或未按程序审批危险性较大工程或或工法的专项施工方案；新工艺、新工法的专项施工方案未组织专家论证、审查；未按审批的专项施工方案施工	坍塌等	JTG F90-3.0.2
辅助施工	工地建设	GF-001	施工驻地及场站设置在滑坡、塌方、泥石流、崩塌、落石、洪水、雪崩等危险区域	坍塌	JTG F90-3.0.8,4.1.1,4.1.2,4.1.3,4.4
		GF-002	施工现场、生产区、生活区、办公区等防火或临时用电未按规范实施	火灾	JTG F90-5.8.22,8.7; JTG/T F50-12.2.1,12.2.2,13.3.4,13.3.8;77号文件
	围堰施工	GF-003	未按设计或方案要求施工围堰；未定期开展围堰监测监控，沉发生变化时未及时采取措施	坍塌、淹溺	JTG F90-8.11.4; JTG/T F50-16.5.1,16.5.4
		GF-004	碰撞、随意拆除、擅自削弱围堰内部支撑杆件或未按规范在其上堆放重物		
		GF-005	土石围堰无防排水防汛措施；钢围堰无防撞措施；侧壁随意驻泊施工船舶		
	挂篮施工	GF-006	采用挂篮法施工未平衡浇筑；挂篮拼装或拆除模板不规范，锚固不牢靠，混凝土强度未达到要求或恶劣天气移动挂篮	坍塌	JTG F90-8.11.4
通用作业	模板作业	GT-001	未按规范或方案要求安装或拆除模板（包括翻模、爬（滑）模、移动模架等）；各类模板使用的螺栓安装数量不足	坍塌	JTG F90-5.2.13,5.2.14,8.9.4,8.9.5,8.11.2; JTG/T F50-5.3,5.5
	支架作业	GT-002	未处置支架基础；支架未按规范方案要求搭设、预压、验收	坍塌	JTG F90-5.2.1~5.2.7; JTG/T F50-5.4,5.5
		GT-003	支架搭设使用无产品合格证、未经检验或检验不合格的管材、构件		
	特种设备设施作业	GT-004	使用未经检验或检验不合格的起重机械	起重伤害	JTG F90-5.6.1,5.6.9,5.6.16,5.6.17
		GT-005	未按规范或方案要求安装或拆除桥式、臂架式或缆索式等起重机械		
		GT-006	使用吊车、塔吊等起重机械吊运人员		
路基工程	高边坡施工	GL-001	含岩堆、松散岩石或滑坡地段的高边坡开挖、排险、防护措施不足	坍塌	JTG F90-6.8.1,6.8.2
	爆破施工	GL-002	未设置警戒区，爆破后未排险即施工	爆炸	JTG F90-5.10

192

附录5 公路水运工程重大事故隐患清单

续上表

工程类别	施工环节	隐患编号	隐患内容	易引发事故类型	判定依据
桥梁工程	深基坑施工	GQ-001	深基坑施工防护措施不足	坍塌	JTG F90-8.8.4
桥梁工程	墩柱施工	GQ-002	桥墩施工未搭设施工作业平台	坍塌	JTG F90-8.9.2
桥梁工程	梁板施工	GQ-003	梁板安装未采取防倾覆措施	坍塌	JTG F90-8.11.3
桥梁工程	拱桥施工	GQ-004	拱架支撑体系搭设、拆除不规范;拱圈施工工序、工艺或材料不符合规范	坍塌	JTG F90-8.12.2;JTG/T F50-15.2.2,15.2.3,15.3
隧道工程	洞口边、仰坡施工	GS-001	雨季、融雪季节,仰坡施工排险、防护措施不足;边、仰坡开挖未做做排水系统	坍塌	JTG F90-9.2.5;JTG/ F60-5.1.1,5.1.4,5.1.7;JTG/T F60-5.1.3
隧道工程	洞口边、仰坡施工	GS-002	含岩堆、松散岩石或滑坡地段的边坡开挖、排险、防护措施不足	坍塌	JTG F90-9.2.5;JTG F60-16.7,16.8;JTG/T F60-15.7,15.8
隧道工程	洞内施工	GS-003	雨季、融雪季节,浅埋或地表径流地段未开展地表监测	坍塌	JTG F90-9.2.8;JTG F60-5.1.8
隧道工程	洞内施工	GS-004	未按规范或方案要求开展超前地质预报、监控量测	坍塌	JTG F90-9.17;JTG F60-10.2;JTG/T F60-9.2,10.2;104号文件
隧道工程	洞内施工	GS-005	开挖方法不符合设计或方案要求,开挖前未对掌子面及临近的拱顶、拱腰围岩进行排险	坍塌	JTG F90-9.3;104号文件
隧道工程	洞内施工	GS-006	未按规范或方案要求初喷及支护;拱架、锚杆等材质不符合设计要求	坍塌	JTG F90-9.4~9.6;104号文件
隧道工程	洞内施工	GS-007	仰拱一次开挖长度不符合方案要求;Ⅲ级围岩仰拱距掌子面的距离大于90m;Ⅳ级围岩拱距掌子面的距离大于50m;Ⅴ级及以上围岩二衬距离大于40m;仰拱拱架未闭合	坍塌	JTG F90-9.3,13;104号文件
隧道工程	洞内施工	GS-008	Ⅳ级围岩二衬掌子面距离大于90m,Ⅴ级及以上围岩二衬距掌子面的距离大于70m	坍塌	JTG F90-9.11.10
隧道工程	瓦斯隧道施工	GS-009	工区任意位置瓦斯浓度达到限值、瓦斯检测与防爆设施不符合方案要求	瓦斯爆炸	JTG F90-9.11.8,9.11.10;JTG F60-16.6,16.6.7
隧道工程	防火防爆	GS-010	隧道内土工布、防水板等易燃材料存在失火隐患	火灾、爆炸	JTG F90-9.17;104号文件
隧道工程	防火防爆	GS-011	隧道内存放、加工、销毁民用爆炸物品或人药混装运输	火灾、爆炸	

备注:1. JTG F90:《公路工程施工安全技术规范》(JTG F90—2015);
2. JTG F50:《公路桥涵施工技术规范》(JTG/T F50—2011);
3. JTG F60:《公路隧道施工技术规范》(JTG F60—2009);
4. JTG/T F60:《公路隧道施工技术细则》(JTG/T F60—2009);
5. 77号文件:交通运输部办公厅关于转发重庆市交通委员会关于加强桥梁工程双壁钢围堰施工安全管理工作的通知(交办安监[2015]77号);
6. 104号文件:国家安全监管总局 交通运输部 国务院国资委 国家铁路局关于印发《隧道施工安全九条规定》的通知(安监总管二[2014]104号)。

水运工程重大事故隐患清单(行业基础版)

工程类别	施工环节	隐患编号	隐患内容	易引发事故类型	判定依据
工程管理	方案管理	SG-01	危险性较大的分部分项工程未编制专项施工方案,方案未按程序审核审批,未按方案施工	各类事故	《公路水运工程安全生产监督管理办法》第23条;JTS 205-4.7.7
辅助施工	工地建设	SF-01	施工驻地及场站设置在易受山体滑坡、泥石流,或易受潮水、洪水侵袭和雷击的区域	山体滑坡、泥石流自然灾害	JTS 205-4.1.2
辅助施工	工地建设	SF-02	施工现场办公、生活区和作业区未分开设置或安全距离不足,易燃易爆物品仓库或其他危险品仓库的布置以及与相邻建筑物的距离不符合国家和有关部门的规定	火灾、爆炸	《公路水运安全生产监督管理办法》第25条;《危险化学品安全管理条例》第19条;GB 18265-6.1;JTS 205-4.1.5、4.5.6
辅助施工	围堰施工	SF-03	生产生活区防火防电安措施存在严重缺陷,安全通道不畅	火灾、爆炸	JTS 205-4.1.1
辅助施工	围堰施工	SF-04	未按设计或方案要求实施围堰,未定期开展监测监控,工况发生变化时未及时采取措施	坍塌、淹溺	JTG F90-5.8.22、8.7.3、8.7.4、8.7.5,JTG/T F50-12.2.1、12.2.2、13.3.4、13.3.8;77号文件
辅助施工	围堰施工	SF-05	碰撞、随意拆除,擅自削弱钢围堰内部支撑杆件或在其上堆放重物	坍塌、淹溺	JTG F90-5.8.22、8.7.3、8.7.4、8.7.5,JTG/T F50-12.2.1、12.2.2、13.3.4、13.3.8;77号文件
辅助施工	围堰施工	SF-06	土石围堰无防排洪措施,钢围堰无防撞措施,侧壁随意驻泊施工船舶	坍塌、船舶沉没	
通用作业	支架作业	ST-01	未处置支架基础,支架未按规范或方案要求搭设、预压、验收	坍塌	JTG F90-5.2.1-5.2.7;JTG/T F50-5.4.5.5
通用作业	支架作业	ST-02	支架搭设使用无产品合格证,未经检验或验收不合格的管材、构件	坍塌	JTG F90-5.2.1-5.2.7;JTG/T F50-5.4.5.5
通用作业	模板作业	ST-03	未按规范或方案要求安装或拆除沉箱、胸墙、闸墙等处的模板	坍塌	JTS205-5.3.4.2;JTG F90-5.2.14
通用作业	特种设备设施作业	ST-04	使用未经检验验收不合格的起重机械	起重伤害	《特种设备安全法》第40条;JTS 205-5.7.1

附录5 公路水运工程重大事故隐患清单

续上表

工程类别	施工环节	隐患编号	隐患内容	易引发事故类型	判定依据
通用作业	施工船舶作业	ST-05	运输船舶无配载图,超航区运输,上下船设施不安全稳固	船舶沉没,淹溺	JTS 205-6.2.8,10.1.3,10.1.9
		ST-06	工程船舶防台防汛防突风无应急预案,或救生设施、应急拖轮等配备不足	船舶沉没	JTS 205-12.1.1.1,12.2.1,10.1.4
		ST-07	工程船舶改造,船舶与陆用设备组合作业未按规定验算船舶稳定性和结构强度等	船舶沉没,淹溺	JTS 205-4.7.3
	水下爆冷	SM-01	爆破器材无公安机关核定的准用手续,无领用退库等台账资料	爆炸	《民用爆炸物安全管理条例》第37条;GB 6722 2.4.3,5.3.1,6.3.1.1,10.1.4,14.3.2;JTS 205-5.12.1
码头工程	沉箱浮运	SM-02	沉箱浮运未验算浮游稳定性	沉箱沉没	JTS 205-6.2.15,6.2.17
	深基坑施工	SM-03	深基坑无降(排)水方案或无施工监测措施	坍塌	JTS 205-8.5.1,8.1.5.1,8.1.3;JTG F90-8.8.4
		SM-04	基坑周边1m范围内随意堆载、停放设备	坍塌	
航道整治、防波堤及护岸工程	铺排施工	SD-01	人员站立于正在溜放的软体排上方	淹溺	JTS 205-5.10.4

备注:1. JTS 205:《水运工程施工安全防护技术规范》(JTS 205-1—2008);
2. GB 18265:《危险化学品经营企业开业条件和技术要求》(GB 18265—2000);
3. JTG F90:《公路工程施工安全技术规范》(JTG F90—2015);
4. JTG/T F50:《公路桥涵施工技术规范》(JTG/T F50—2011);
5. GB 6722:《爆破安全规程》(GB 6722—2014);
6. 77号文件:交通运输部办公厅关于转发重庆市交通委员会关于加强桥梁工程双壁钢围堰施工安全管理工作的通知(交办安监〔2015〕77号)。

附录6 标志标识牌设置与制作

一、标志标识牌说明

1. 编制目标

加强高速公路或水运工程现场标准化管理,规范安全生产、文明施工等标志的制作、安装和设置。

2. 使用范围

适用于高速公路或水运工程建设施工现场。

3. 引用标准

GB/T 15565.1—2008	《图形符号　术语　第1部分:通用》
GB/T 15565.2—2008	《图形符号　术语　第2部分:标志及导向系统》
GB 2893—2008	《安全色》
GB 2894—2008	《安全标志及其使用导则》
GB/T 10001.1—2012	《公共信息图形符号　第1部分:通用符号》
GB 13495—1992	《消防安全标志》
GB 15630—1995	《消防安全标志设置要求》
GBZ 158—2003(2010)	《工业场所职业病危害警示标识》
GB 5768—2009	《道路交通标志和标线》

4. 类型

禁止标志:禁止人们不安全行为的图形标志。
警告标志:提醒人们对周围环境引起注意,以避免可能发生危险的图形标志。
指令标志:强制人们必须做出某种动作或采用防范措施的图形标志。
指示标志:向人们提供某种信息(如标明安全设施或场所等)的图形标志。
明示标志:上述4种标志中不能包括,但现场需明示相关信息的图形标志。
现场作业"十项"禁令标志牌内容详见附录3。

5. 材料

标志应采用坚固耐用的材料制作。有触电危险的场所应使用绝缘材料。边缘和尖角应适当倒棱,呈圆滑状,带有毛边处应打磨光滑。

6. 标志牌形状分为矩形和圆形

矩形标志牌尺寸(长×宽)一般为30cm×40cm、40cm×30cm、60cm×80cm、80cm×60cm、150cm×100cm、150cm×200cm、200cm×150cm、250cm×200cm;圆形标志牌直径一般为30cm

和50cm。在特殊情况下可根据现场实际确定标志牌尺寸。

单元预警中的安全生产警示牌、项目部安全生产危险源发布牌及安全生产单元预警牌尺寸为300cm×200cm,安全生产警示牌为红底白字。

7. 颜色与字体

禁止标志、警告标志、指令标志、指示标志、明示标志颜色参照《安全色》(GB 2893—2008)的基本规定执行。图标中禁止标志用XXJZ代替,警告标志用XXJG代替,指令标志用XXZL代替,提示标志用XXTS代替,明示标志用XXMS代替("XX"意为"某某项目合同段"的缩写)。

8. 设置位置

标志的设置位置应合理、醒目,应能使观察者注意、迅速判读、有必要的反应时间或操作距离。

安全文明标志的设置,应使大多数观察者的观察角接近90°。

标志不应设在门、窗、架等可移动的物体上。标志前不得放置妨碍认读的障碍物。

9. 检查与维修

应经常检查维护标志、标识的状态,保持清洁醒目、完整无损。原则上,标志、标识牌应每年更换一次。如发现有破损、变形、褪色等不符合要求时,应及时修整或更换。

10. 其他

便桥、便道的相关标志视施工现场实际情况,按《道路交通标志和标线》(GB 5768—2009)的规定执行。

标志的其他制作、安装和设置要求应符合国家有关强制性的规定。

二、现场安全标志标识检索表

施工现场标志检索表

序号	场所/专项工程	设置部位	标志名称	标志性质	标志编号
1	施工现场	工地出入口的醒目位置	施工重地闲人免进	禁止	XXJZ15
2	施工现场	水上作业平台	严禁向水中排放油污	禁止	XXJZ12
3	施工现场	水上作业平台	严禁向水中排放泥浆	禁止	XXJZ13
4	施工现场	工地出入口的醒目位置	进入施工现场请减速慢行	警告	XXJG15
5	施工现场	人员佩戴	安全帽	明示	XXMS3
6	施工现场	人员佩戴	胸卡	明示	XXMS1
7	施工现场	安全员	袖标	明示	XXMS2
8	施工现场	取土场醒目位置	取土场	明示	XXMS12
9	施工现场	弃土(渣)场的醒目位置	弃土(渣)场	明示	XXMS11
10	施工现场	复耕土存放场的醒目位置	复耕土存放区	明示	XXMS7
11	施工现场	工地出入口的醒目位置	工程概况牌	明示	XXMS22

续上表

序号	场所/专项工程	设置部位	标志名称	标志性质	标志编号
12	施工现场	工地出入口的醒目位置	施工平面布置图	明示	XXMS23
13	施工现场	工地出入口的醒目位置	带班领导公示牌	明示	XXMS17
14	施工现场	工地出入口的醒目位置	管理人员名单及监督电话牌	明示	XXMS18
15	施工现场	废旧物品存放处	废旧物品存放处	明示	XXMS10
16	施工现场	机械设备处	机械设备标识牌	明示	XXMS13
17	施工现场	机械设备处	机械操作安全规定公示牌	明示	XXMS21
18	施工现场	工地出入口的醒目位置	进入施工现场必须戴安全帽	指令	XXZL9

路基施工现场标志检索表

序号	场所/专项工程	设置部位	标志名称	标志性质	标志编号
1	路基	路堑开挖处	当心塌方	警告	XXJG8
2	路基	砌筑边坡处	当心落石	警告	XXJG13
3	路基	抗滑桩施工处	当心塌方	警告	XXJG8
4	路基	醒目位置	重大危险源告知牌	明示	XXMS19
5	路基	醒目位置	必须戴安全帽	指令	XXZL3

桥梁施工现场标志检索表

序号	场所/专项工程	设置部位	标志名称	标志性质	标志编号
1	桥梁	墩身施工每节操作平台及走道	禁止阻塞	禁止	XXJZ7
2	桥梁	墩身下方落物区域	禁止入内	禁止	XXJZ4
3	桥梁	预制梁架设下方	禁止停留	禁止	XXJZ5
4	桥梁	配电房	禁止入内	禁止	XXJZ4
5	桥梁	配电箱（维修时）	禁止合闸	禁止	XXJZ2
6	桥梁	电焊作业区	禁止放易燃物	禁止	XXJZ1
7	桥梁	氧气、乙炔瓶存放区	禁止烟火	禁止	XXJZ6
8	桥梁	氧气、乙炔瓶存放区	禁止暴晒	禁止	XXJZ8
9	桥梁	跨河/路施焊处	禁止掉落焊花	禁止	XXJZ9
10	桥梁	醒目位置	注意安全	警告	XXJG12
11	桥梁	人工挖孔桩孔口	当心有害气体中毒	警告	XXJG9
12	桥梁	人工挖孔桩孔口	当心坠物	警告	XXJG11
13	桥梁	钻孔桩孔口	当心坑洞	警告	XXJG6
14	桥梁	基坑防护栏栏杆上	注意安全	警告	XXJG12
15	桥梁	钻孔作业区	当心机械伤人	警告	XXJG5
16	桥梁	墩身施工每节操作平台及走道	当心坠落	警告	XXJG11

附录6 标志标识牌设置与制作

续上表

序号	场所/专项工程	设置部位	标志名称	标志性质	标志编号
17	桥梁	狭小低矮通道	当心碰头	警告	XXJG14
18	桥梁	墩身下方落物区域	当心落物	警告	XXJG7
19	桥梁	预制梁架设下方	当心落物	警告	XXJG7
20	桥梁	配电箱(柜)	当心触电	警告	XXJG1
21	桥梁	电焊作业区	当心触电	警告	XXJG1
22	桥梁	电焊作业区	当心弧光	警告	XXJG3
23	桥梁	电气焊作业区	当心火灾	警告	XXJG4
24	桥梁	机械设备处	当心机械伤人	警告	XXJG5
25	桥梁	交叉作业区	当心落物	警告	XXJG7
26	桥梁	桥位醒目位置	当日重大危险源公示牌	明示	XXMS19
27	桥梁	墩身	墩位标识牌	明示	XXMS4
28	桥梁	醒目位置	必须戴安全帽	指令	XXZL3
29	桥梁	乘船、临水作业	必须穿救生衣	指令	XXZL2
30	桥梁	高处作业	必须系安全带	指令	XXZL7
31	桥梁	频繁移动且无法系安全带作业点	必须系安全绳	指令	XXZL14
32	桥梁	泥浆池防护栏杆	泥浆池危险,请勿靠近	指令	XXZL10
33	桥梁	基坑防护栏杆上	基坑危险,请勿靠近	指令	XXZL13
34	桥梁	电焊作业区	必须戴防护手套	指令	XXZL5
35	桥梁	电焊作业区	必须戴防护面罩	指令	XXZL4
36	桥梁	气割作业区	必须戴防护眼睛	指令	XXZL6
37	桥梁	气割作业区	必须戴防护手套	指令	XXZL5

隧道施工现场标志检索表

序号	场所/专项工程	设置部位	标志名称	标志性质	标志编号
1	隧道	洞口	5km限速牌	禁止	XXJZ14
2	隧道	洞内作业平台、台车(架)顶部	禁止抛物	禁止	XXJZ18
3	隧道	洞内成洞段	15km限速牌	禁止	XXJZ14
4	隧道	用电设备	当心触电	警告	XXJG1
5	隧道	洞口	注意安全	警告	XXJG12
6	隧道	临近林区施工处	保护森林,注意安全	警告	XXJG1
7	隧道	洞内外变压器	当心触电	警告	XXJG1
8	隧道	洞内外变压器	高压危险	警告	XXJG14
9	隧道	洞内作业平台、台车(架)栏杆下方	当心扎脚	警告	XXJG10
10	隧道	洞内作业平台、台车(架)栏杆下方	前方施工减速慢行	警告	XXJG15

续上表

序号	场所/专项工程	设置部位	标志名称	标志性质	标志编号
11	隧道	洞内作业平台、台车(架)栏杆下方	当心落物	警告	XXJG7
12	隧道	洞内成洞段	前方施工减速慢行	警告	XXJG15
13	隧道	洞内作业平台、台车(架)顶部	当心坠物	警告	XXJG11
14	隧道	洞口	进洞须知牌	明示	XXMS12
15	隧道	洞口	出入隧道人员显示牌	明示	XXMS5
16	隧道	洞口	单元预警牌	明示	XXMS11
17	隧道	洞口	应急救援流程图	明示	XXMS20
18	隧道	洞口	进入施工现场,必须戴安全帽	指令	XXZL9
19	隧道	洞口	必须戴安全帽	指令	XXZL3
20	隧道	洞口	必须穿防护鞋	指令	XXZL1
21	隧道	洞口	注意通风	指令	XXZL8
22	隧道	洞内作业平台、台车(架)顶部	必须系安全带	指令	XXZL7

钢筋加工场标志检索表

序号	场所/专项工程	设置部位	标志名称	标志性质	标志编号
1	钢筋加工场	吊装作业区	禁止停留	禁止	XXJZ5
2	钢筋加工场	电焊作业区	禁止放易燃物	禁止	XXJZ1
3	钢筋加工场	氧气、乙炔瓶存放区	禁止烟火	禁止	XXJZ6
4	钢筋加工场	氧气、乙炔瓶存放区	禁止暴晒	禁止	XXJZ8
5	钢筋加工场	配电室(柜)	高压危险	警告	XXJG14
6	钢筋加工场	开关箱	当心触电	警告	XXJG1
7	钢筋加工场	吊装作业区	当心坠物	警告	XXJG2
8	钢筋加工场	电焊作业区	当心触电	警告	XXJG1
9	钢筋加工场	电焊作业区	当心弧光	警告	XXJG3
10	钢筋加工场	电气焊作业区	当心火灾	警告	XXJG4
11	钢筋加工场	机械设备处	当心机械伤人	警告	XXJG5
12	钢筋加工场	原材料存放区	材料标识牌	明示	XXMS15
13	钢筋加工场	存放区	(半)成品标识牌	明示	XXMS14
14	钢筋加工场	氧气、乙炔瓶存放区	氧气存放处	明示	XXMS8
15	钢筋加工场	氧气、乙炔瓶存放区	乙炔存放处	明示	XXMS9
16	钢筋加工场	醒目位置	灭火设备	提示	XXTS2
17	钢筋加工场	电焊作业区	必须戴防护手套	指令	XXZL5
18	钢筋加工场	电焊作业区	必须戴防护面罩	指令	XXZL4
19	钢筋加工场	气割作业区	必须戴防护眼镜	指令	XXZL6
20	钢筋加工场	气割作业区	必须戴防护手套	指令	XXZL5

附录6 标志标识牌设置与制作

混凝土拌和站标志检索表

序号	场所/专项工程	设置部位	标志名称	标志性质	标志编号
1	混凝土拌和站	储存罐下方	禁止攀登	禁止	XXJZ3
2	混凝土拌和站	油罐、氧气、乙炔存放区	禁止烟火	禁止	XXJZ6
3	混凝土拌和站	控制室	机房重地、闲人免进	禁止	XXJZ16
4	混凝土拌和站	输送带下方	禁止停留	禁止	XXJZ5
5	混凝土拌和站	主要道路旁	注意安全	警告	XXJG12
6	混凝土拌和站	储存罐下方	当心坠落	警告	XXJG11
7	混凝土拌和站	沉淀池防护栏杆上	注意安全	警告	XXJG12
8	混凝土拌和站	配电室（柜）	高压危险	警告	XXJG14
9	混凝土拌和站	开关箱	当心触电	警告	XXJG1
10	混凝土拌和站	油罐、氧气、乙炔存放区	注意安全	警告	XXJG12
11	混凝土拌和站	搅拌机	配合比标识牌	明示	XXMS16
12	混凝土拌和站	配料斗	材料标识牌	明示	XXMS15
13	混凝土拌和站	储存罐下方	材料标识牌	明示	XXMS15
14	混凝土拌和站	材料存放区	分区标识牌	明示	XXMS6
15	混凝土拌和站	材料存放区	材料标识牌	明示	XXMS15
16	混凝土拌和站	醒目位置	灭火设备	提示	XXTS2
17	混凝土拌和站	沉淀池防护栏杆上	沉淀池危险、请勿靠近	指令	XXZL11

制梁场（预制场）标志检索表

序号	场所/专项工程	设置部位	标志名称	标志性质	标志编号
1	制梁场（预制场）	吊装作业区	禁止停留	禁止	XXJZ5
2	制梁场（预制场）	锅炉房	锅炉重地、闲人免进	禁止	XXJZ16
3	制梁场（预制场）	电焊作业区	禁止放易燃物	禁止	XXJZ1
4	制梁场（预制场）	氧气、乙炔瓶存放区	禁止烟火	禁止	XXJZ6
5	制梁场（预制场）	氧气、乙炔瓶存放区	禁止暴晒	禁止	XXJZ8
6	制梁场（预制场）	吊装作业区	当心吊物	警告	XXJG2
7	制梁场（预制场）	沉淀池防护栏杆上	注意安全	警告	XXJG12
8	制梁场（预制场）	材料罐下	当心坠落	警告	XXJG11
9	制梁场（预制场）	电焊作业区	当心触电	警告	XXJG1
10	制梁场（预制场）	电焊作业区	当心弧光	警告	XXJG3
11	制梁场（预制场）	电气焊作业区	当心火灾	警告	XXJG4
12	制梁场（预制场）	机械设备处	当心机械伤人	警告	XXJG5
13	制梁场（预制场）	加工、制梁、存梁区等醒目位置	分区标识牌	明示	XXMS6

续上表

序号	场所/专项工程	设置部位	标志名称	标志性质	标志编号
14	制梁场（预制场）	台座处	制梁台座标识牌	明示	XXMS5
15	制梁场（预制场）	材料存放区	分区标识牌	明示	XXMS6
16	制梁场（预制场）	材料存放区	材料标示牌	明示	XXMS15
17	制梁场（预制场）	半成品存放区	（半）成品标示牌	明示	XXMS14
18	制梁场（预制场）	成品存放区	（半）成品标示牌	明示	XXMS14
19	制梁场（预制场）	氧气、乙炔瓶存放区	氧气存放处	明示	XXMS8
20	制梁场（预制场）	氧气、乙炔瓶存放区	乙炔存放处	明示	XXMS9
21	制梁场（预制场）	张拉作业区	张拉危险、请勿靠近	指令	XXZL12
22	制梁场（预制场）	沉淀池防护栏杆上	沉淀池危险、请勿靠近	指令	XXZL11
23	制梁场（预制场）	电焊作业区	必须戴防护手套	指令	XXZL5
24	制梁场（预制场）	电焊作业区	必须戴防护面罩	指令	XXZL4
25	制梁场（预制场）	气割作业区	必须戴防护眼镜	指令	XXZL6
26	制梁场（预制场）	气割作业区	必须戴防护手套	指令	XXZL5

三、禁止、警告、指令、指示和明示标志牌制作示意图

1. 禁止标志

编号	图形	制作要求(cm)	安装要求	设置范围和部位
XXJZ1	禁止放易燃物	尺寸为30×40	悬挂或粘贴	具有明火设备或高温的作业场所，如各种焊接、切割等动火场所
XXJZ2	禁止合闸	尺寸为30×40	悬挂或粘贴	用电设备或线路检修时，相应开关处
XXJZ3	禁止攀登	尺寸30×40	悬挂或粘贴	不允许攀爬的危险地点，如有危险的建筑物、构筑物、设备处

附录6 标志标识牌设置与制作

续上表

编号	图 形	制作要求(cm)	安装要求	设置范围和部位
XXJZ4	禁止入内	尺寸为30×40	悬挂或粘贴	易造成事故或对人员有伤害的场所,如高压设备室、配电房等入口处
XXJZ5	禁止停留	尺寸为30×40	悬挂或粘贴	对人员具有直接危险的场所,如危险路口、吊装作业区、输送带下方、预制梁架设区等处
XXJZ6	禁止烟火	尺寸为30×40	悬挂或粘贴	有乙类火灾危险物质的场所,如氧气及乙炔存放区、油罐存放处及其他易燃易爆处
XXJZ7	禁止阻塞	尺寸为30×40	悬挂或粘贴	应急通道、安全通道及施工操作平台等处
XXJZ8	禁止暴晒	尺寸为40×30 白底红字	悬挂或粘贴	使用氧气、乙炔等易燃易爆物处所
XXJZ9	禁止掉落焊花	尺寸为40×30 白底红字	悬挂或粘贴	跨越通航河道、铁路、公路等施焊场所
XXJZ10	禁止翻越防护栏	尺寸为40×30 白底红字	悬挂或粘贴	邻近既有线的防护网
XXJZ11	禁止倾倒垃圾	尺寸为40×30 白底红字	悬挂或粘贴	水上施工作业场所

203

续上表

编号	图形	制作要求(cm)	安装要求	设置范围和部位
XXJZ12	禁止排放油污	尺寸为40×30 白底红字	悬挂或粘贴	水上施工作业场所
XXJZ13	禁止向水中排放泥浆	尺寸为40×30 白底红字	悬挂或粘贴	水上施工作业场所
XXJZ14	5	执行道路交通标志 GB 5768—2009（以限速5km为例）	执行道路交通标志 GB 5768—2009	场内道路设置5km限速牌
XXJZ15	施工重地 闲人免进	尺寸为80×60 白底红字	悬挂或粘贴	拌和站、加工场、制梁场（预制场）、现浇梁等出入口、重点部位
XXJZ16	机房重地 闲人免进	尺寸为40×30 白底红字	悬挂或粘贴	拌和站、制梁场（预制场）的控制室和发电机房、抽水机房等处
XXJZ17	锅炉重地 闲人免进	尺寸为40×30 白底红字	悬挂或粘贴	锅炉房入口

2. 警告标志

编号	图形	制作要求(cm)	安装要求	设置范围和部位
XXJG1	当心触电	尺寸为30×40	悬挂或粘贴	有可能发生触电危险的电器设备和线路，如配电箱（柜）、开关箱、变压器、用电设备处
XXJG2	当心吊物	尺寸为30×40	悬挂或粘贴	有吊装设备作业的场所

附录6 标志标识牌设置与制作

续上表

编号	图形	制作要求(cm)	安装要求	设置范围和部位
XXJG3	当心弧光	尺寸为30×40	悬挂或粘贴	由于弧光可能造成眼部伤害的各种焊接作业场所
XXJG4	当心火灾	尺寸为30×40	悬挂或粘贴	易发生火灾的危险场所,如可燃物质的储运、使用
XXJG5	当心机械伤人	尺寸为30×40	悬挂或粘贴	易发生机械卷入、扎压、碾压、剪切等机械伤害的作业场所
XXJG6	当心坑洞	尺寸为30×40	悬挂或粘贴	具有坑洞易造成伤害的作业地点,如预留孔洞及各种深坑的上方等处
XXJG7	当心落物	尺寸为30×40	悬挂或粘贴	易发生落物危险的地点,如高处作业、立体交叉作业等的下方
XXJG8	当心塌方	尺寸为30×40	悬挂或粘贴	易发生塌方危险的地段,如边坡及土方作业的深坑、深槽等场所
XXJG9	当心有害气体中毒	尺寸为30×40	悬挂或粘贴	易产生有毒、有害气体的场所

205

续上表

编号	图形	制作要求(cm)	安装要求	设置范围和部位
XXJG10	当心扎脚	尺寸为30×40	悬挂或粘贴	易造成脚部伤害的作业地点
XXJG11	当心坠落	尺寸为30×40	悬挂或粘贴	易发生坠落事故的作业地点
XXJG12	注意安全	尺寸为30×40	悬挂或粘贴	易造成人员伤害的场所及设备等处
XXJG13	当心落石	尺寸为40×30 黄底黑字	悬挂或粘贴	易落石的地带,如路基砌筑边坡等处
XXJG14	高压危险	尺寸为40×30 黄底黑字	悬挂或粘贴	施工场所变压器、高压电力设备等处
XXJG15	前方施工 减速慢行	尺寸为80×60 黄底黑字	竖立	跨越(邻近)道路施工处
XXJG16	进入施工现场 请减速慢行	尺寸为80×60 黄底黑字	竖立	场站出入口及工点路口处

附录6 标志标识牌设置与制作

3. 指令标志

编号	图 形	制作要求(cm)	安装要求	设置范围和部位
XXZL1	必须穿防护鞋	尺寸为30×40	悬挂或粘贴	易伤害脚部的作业场所,如具有腐蚀、灼热、触电、砸(刺)伤等危险的作业地点
XXZL2	必须穿救生衣	尺寸为30×40	悬挂或粘贴	易发生溺水的作业场所
XXZL3	必须戴安全帽	尺寸为30×40	悬挂或粘贴	头部易受外力伤害的作业场所
XXZL4	必须戴防护面罩	尺寸为30×40	悬挂或粘贴	易造成人体紫外线辐射的作业场所,如电焊作业场所
XXZL5	必须戴防护手套	尺寸为30×40	悬挂或粘贴	易伤害手部的作业场所,如具有腐蚀、污染、冰冻及触电危险等作业场所
XXZL6	必须戴防护眼镜	尺寸为30×40	悬挂或粘贴	对眼睛有伤害的作业场所
XXZL7	必须系安全带	尺寸为30×40	悬挂或粘贴	易发生坠落危险的作业场所

续上表

编号	图形	制作要求(cm)	安装要求	设置范围和部位
XXZL8	注意通风	尺寸为30×40	悬挂或粘贴	空气不流通、易发生窒息、中毒等作业场所
XXZL9	进入施工现场必须戴安全帽	尺寸为60×80	悬挂、粘贴或竖立	施工现场的出入口等醒目位置
XXZL10	泥浆池危险 请勿靠近	尺寸为40×30 蓝底白字	悬挂或粘贴	泥浆池防护栏
XXZL11	沉淀池危险 请勿靠近	尺寸为40×30 蓝底白字	悬挂或粘贴	拌和站、制梁场(预制场)沉淀池
XXZL12	张拉危险 请勿靠近	尺寸为40×30 蓝底白字	悬挂或粘贴	制梁场(预制场)、现浇梁预应力张拉处
XXZL13	基坑危险 请勿靠近	尺寸为40×30 蓝底白字	悬挂或粘贴	涵洞、桥梁基坑靠便道侧防护栏
XXZL14	必须系安全绳	尺寸为40×30 蓝底白字	悬挂或粘贴	高处作业、临边作业、悬空作业等场所

4. 提示标志

编号	图形	制作要求(cm)	安装要求	设置范围和部位
XXTS1	灭火器	尺寸为40×30	悬挂或粘贴	需指示灭火器的处所
XXTS2	灭火设备	尺寸为40×30	悬挂或粘贴	需指示灭火设备的处所

附录6 标志标识牌设置与制作

5. 明示标志

编号	图 形	制作要求(cm)	安装要求	设置范围和部位
XXMS1	××高速 ××单位 照片 单位名称：___ 姓　名：___ 职　务：___ 编　号：___	尺寸为 8×12 ××单位指项目办、总监办、中心试验室；施工单位应××—××标；监理单位为第××驻地监理组		各单位参照制作
XXMS2	袖标 安全员	尺寸为 40×14		各标段
XXMS3	白色安全帽	符合《安全帽》（GB 2811）规范要求	建设单位管理人员（红字） 监理单位管理人员（蓝字）	
	红色安全帽		施工单位管理人员	
	橙色安全帽		专职安全员	
	蓝色安全帽		特种作业人员	
	黄色安全帽		施工作业人员	
XXMS4	A89 墩号标识牌	直径为 50 白底红字红圈 （以 A89 墩为例）	粘贴（喷涂）	桥梁墩位处

续上表

编号	图 形	制作要求(cm)	安装要求	设置范围和部位
XXMS5	制梁台座标识牌	直径为30 白底红字红圈（以06号台座为例）	悬挂、粘贴（喷涂）	梁场制梁台座或箱梁外模处
XXMS6	分区标识牌 清洗区	尺寸为80×60 白底红字（以清洗区为例）	竖立、悬挂	清洗区、备料区、待检区、合格区、加工区、制梁区、存梁区等醒目位置
XXMS7	复耕土堆放处	尺寸为80×60 白底红字	竖立	复耕土存放处
XXMS8	氧气存放处	尺寸为40×30 白底红字	悬挂或粘贴	氧气存放处
XXMS9	乙炔存放处	尺寸为40×30 白底红字	悬挂或粘贴	乙炔存放处
XXMS10	废旧物品存放处	尺寸为80×60 白底红字	竖立、悬挂	废旧物品存放区
XXMS11	取土场	尺寸为80×60 白底红字（以取土场为例）	竖立	取土场处
XXMS12	弃土场	尺寸为80×60 白底红字（以弃土场为例）	竖立	弃土(渣)堆放处
XXMS13	机械设备标识牌	尺寸为40×30	悬挂、粘贴	施工机械设备处

附录6　标志标识牌设置与制作

续上表

编号	图　形	制作要求(cm)	安装要求	设置范围和部位
XXMS14	(半)成品材料标识牌	尺寸为40×30	竖立、悬挂	各种材料的半成品、成品存放区
XXMS15	材料标识牌	尺寸为40×30	竖立	储料区
XXMS16	配合比标识牌	尺寸为80×60	竖立、悬挂	拌和机及拌和楼操作室
XXMS17	带班领导公示牌	尺寸为250×200	竖立、悬挂	施工现场值班室
XXMS18	管理人员名单及监督电话牌	尺寸为250×200	悬挂	施工现场值班室
XXMS19	重大危险源告知牌	尺寸为250×200	竖立、悬挂	有重大危险源的施工场所
XXMS20	应急救援流程图	尺寸为150×200	竖立	危险性较大的施工场所

续上表

编号	图形	制作要求(cm)	安装要求	设置范围和部位
XXMS21	机械操作安全规定公示牌	尺寸为 200×150	竖立	
XXMS22	工程概况牌	尺寸为 250×200 在大型枢纽等工程处可根据现场情况确定尺寸	竖立	桥梁、站场拌和站、梁场等重点工程的醒目位置
XXMS23	施工平面布置图	尺寸为 250×200 在大型枢纽等工程处可根据现场情况确定尺寸	竖立	桥梁、站场、拌和站、梁场等重点工程的醒目位置

四、单元预警有关标牌制作示意图

1. 安全生产警示牌

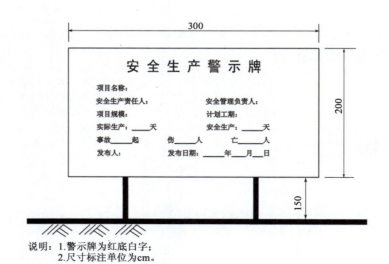

说明：1. 警示牌为红底白字；
　　　2. 尺寸标注单位为cm。

2. 项目部施工危险源发布牌

说明：1.发布牌为白底红字；
　　　2.尺寸标注单位为cm。

3. 安全生产单元预警牌

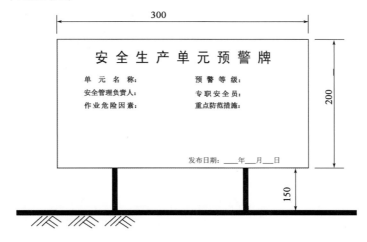

说明：1.预警牌为白底红字；
　　　2.尺寸标注单位为cm。

参 考 文 献

[1] 中国安全生产协会注册安全工程师工作委员会.安全生产管理知识[M].北京:中国大百科全书出版社,2008.
[2] 中国安全生产协会注册安全工程师工作委员会.安全生产技术[M].北京:中国大百科全书出版社,2008.
[3] 交通运输部工程质量监督局.公路水运工程施工安全标准化指南[M].北京:人民交通出版社,2013.
[4] 何光.施工安全风险管理技术[M].北京:人民交通出版社股份有限公司,2016.
[5] 任宏,兰定筠.建设工程施工安全管理[M].北京:中国建筑工业出版社,2008.
[6] 孙华山.安全生产风险管理[M].北京:化学工业出版社,2009.
[7] 李在卿.十大行业危险源的辨识与风险评价[M].北京:中国标准出版社,2006.
[8] 中华人民共和国行业标准.JTG F90—2015 公路工程施工安全技术规范[S].北京:人民交通出版社股份有限公司,2015.
[9] 中华人民共和国行业标准.JTS 205-1—2008 水运工程施工安全防护技术规范[S].北京:人民交通出版社,2008.